CURAR EL TRAUMA

DR. PETER A. LEVINE
ANN FREDERICK

CURAR EL TRAUMA

Descubre tu capacidad innata para superar experiencias negativas

Autoconocimiento

ƆIΛNΛ

Obra editada en colaboración con Editorial Planeta – España

Título original: *Waking the Tiger*

© Peter A. Levine

© Ilustración de interior: Guy Coheleach

© 2022, Traducción: Antonio Francisco Rodríguez Esteban

© 2022, Editorial Planeta, S. A. - Barcelona, España

Derechos reservados

© 2022, Editorial Planeta Mexicana, S.A. de C.V.
Bajo el sello editorial DIANA M.R.
Avenida Presidente Masarik núm. 111,
Piso 2, Polanco V Sección, Miguel Hidalgo
C.P. 11560, Ciudad de México
www.planetadelibros.com.mx

Primera edición impresa en España: mayo de 2022
ISBN: 978-84-1119-007-7

Primera edición impresa en México: julio de 2022
ISBN: 978-607-07-8946-5

Impreso en los talleres de Impresora Tauro, S.A. de C.V.
Av. Año de Juárez 343, colonia Granjas San Antonio, Ciudad de México
Impreso en México -*Printed in Mexico*

Si sacas a la luz aquello que llevas dentro,
Eso que llevas dentro
Será tu salvación.
Si no sacas a la luz aquello que llevas dentro,
Eso que llevas dentro
Te destruirá.

Evangelios gnósticos*

* Elaine Pagels, Random House, 1979.

ÍNDICE

INTRODUCCIÓN

Desde hace más de un cuarto de siglo (la mitad de mi vida) he trabajado para desentrañar los vastos misterios del trauma. Es habitual que estudiantes y colegas me pregunten cómo es posible que me haya sumergido en un tema tan macabro como el trauma sin quemarme por completo. Lo cierto es que, pese a exponerme a una angustia escalofriante y a un «terrible conocimiento», este estudio me ha alentado y ha despertado en mí una viva pasión. La misión de mi vida ha sido ayudar a comprender y curar el trauma en sus diversas formas. Las más habituales son los accidentes, de tráfico y de otros tipos, las enfermedades graves, la cirugía y otros procedimientos médicos y odontológicos invasivos, las agresiones, y experimentar o ser testigos de violencia, de una guerra o de una amplia variedad de desastres naturales.

Me siento infinitamente fascinado por el trauma y su intrincada relación con las ciencias físicas y naturales, la filosofía, la mitología y las artes. Trabajar con el trauma me ha ayudado a comprender el sentido del sufrimiento, tanto del necesario como del innecesario. Sobre todo me ha ayudado a profundizar en el enigma del espíritu humano. Estoy agradecido por esta oportunidad única para aprender, y por el privilegio de ser testigo y participar en la profunda metamorfosis que puede propiciar la superación del trauma.

El trauma es un acontecimiento en la vida. Sin embargo, no tiene por qué convertirse en una cadena perpetua. El trauma no solo se puede curar, sino que, con una guía y con el apoyo adecuados, puede resultar transformador. Tiene el potencial para ser una de las fuerzas más significativas para el despertar y la evolución psicológica, social y espiritual. Nuestra forma de gestionar el trauma (como individuos, comunidades y sociedades) influye poderosamente en nuestra calidad de vida. En última instancia afecta al modo en que sobreviviremos como especie, e incluso a si lo lograremos o no.

Tradicionalmente, el trauma se ha considerado un trastorno psicológico y médico de la mente. A pesar de apoyar aparentemente la conexión entre cuerpo y mente, la práctica de la medicina y la psicología modernas subestima en gran medida la profunda relación que tienen en la curación del trauma. La inseparable unidad de cuerpo y mente que, a lo largo del tiempo, ha sido el pilar práctico y filosófico de la mayor parte de los sistemas tradicionales de sanación del mundo está ausente, por desgracia, en nuestro moderno sistema de comprensión y tratamiento del trauma.

Durante miles de años, los sanadores orientales y chamánicos no solo han reconocido que la mente influye en el cuerpo, como en la medicina psicosomática, sino también que cada sistema orgánico tiene una representación psíquica en el tejido de la mente. Una serie de recientes y revolucionarios descubrimientos en neurociencia y en psiconeuroinmunología han establecido evidencias sólidas de la intrincada comunicación bidireccional entre el cuerpo y la mente. Al identificar los complejos «mensajeros neuropéptidos», investigadores como Candace Pert han descubierto muchas de las vías por las que cuerpo y mente se comunican entre sí. Estas investigaciones de vanguardia reflejan lo que la antigua sabiduría siempre ha sabido: cada órgano del cuerpo, incluido el cerebro, expresa sus propios «pensamientos», «emociones» e «impulsos» y atiende a los de los demás.

La mayor parte de las terapias para el trauma se dirigen a la mente por medio de la palabra y a las moléculas cerebrales con medicación. Ambos planteamientos pueden ser útiles. Sin embargo, el trauma no puede ni podrá curarse del todo a menos que abordemos también el papel fundamental que desempeña el cuerpo. Debemos comprender hasta qué punto el cuerpo se ve afectado por el trauma y su papel clave a la hora de superar las secuelas del trauma. Sin estos elementos básicos, nuestros intentos por dominar el trauma serán limitados y parciales.

Más allá de la visión mecanicista y reduccionista de la vida, existe un organismo sensible, perceptivo, consciente y vivo. Este cuerpo viviente, una condición que compartimos con todos los seres sensibles, nos transfiere su innata capacidad para superar los efectos del trauma. Este libro versa sobre el don de la sabiduría que recibimos cuando aprendemos a aprovechar y transformar las energías misteriosas, primordiales e inteligentes que habitan en nuestro cuerpo. Al superar la fuerza destructiva del trauma, nuestro potencial innato nos eleva a nuevas cotas de maestría y conocimiento.

PETER LEVINE
Escrito en Amtrak Zephyr
Octubre de 1995

PRÓLOGO

Dar al cuerpo lo que le corresponde

CUERPO Y MENTE

> Aquello que aumenta, disminuye, limita o amplía el po-
> der de acción del cuerpo, aumenta, disminuye, limita o
> amplía el poder de acción de la mente. Y aquello que
> aumenta, disminuye, limita o amplía el poder de acción
> de la mente, también aumenta, disminuye, limita o am-
> plía el poder de acción del cuerpo.
>
> SPINOZA (1632-1677)

Si experimentas una serie de extraños síntomas que nadie es capaz de
explicar, podrían surgir de una reacción traumática a un acontecimiento pasado que tal vez ni siquiera recuerdas. No estás solo. No
estás loco. Hay una explicación racional para lo que te está pasando.
No has sufrido un daño irreversible, y es posible reducir e incluso
eliminar tus síntomas. Sabemos que con el trauma, la mente sufre una
profunda alteración. Por ejemplo, una persona implicada en un accidente de tráfico se ve inicialmente protegida de la reacción emocional,
e incluso es posible que no lo recuerde con claridad o que crea que no
ha ocurrido de verdad. Estos notables mecanismos (por ejemplo, disociación y negación) nos permiten esconder estas situaciones difíciles

en espera de que llegue un momento y un lugar seguros en los que «desprendernos» de estos estados alterados.

Asimismo, el cuerpo reacciona profundamente ante un trauma. Se tensa en estado de alerta, se endurece ante el miedo, y se inmoviliza y colapsa ante un terror invencible. Cuando la reacción mental protectora frente a la sobrecarga se normaliza, la respuesta del cuerpo también lo hace. Pero si se frustra este proceso restaurativo, los efectos del trauma se asientan y la persona queda traumatizada.

Tradicionalmente, la psicología ha abordado el trauma a través de sus efectos en la mente. En el mejor de los casos, esta es tan solo una cara de la moneda, y resulta un planteamiento completamente inadecuado. Si no tratamos el cuerpo y la mente como una unidad, no podremos comprender en profundidad o curar el trauma.

ENCONTRAR UN MÉTODO

Este libro se centra en resolver los síntomas traumáticos a través de un enfoque naturalista que he desarrollado en los últimos veinticinco años. No considero el trastorno de estrés postraumático (TEPT) como una patología que haya que gestionar, suprimir o a la que haya que adaptarse, sino como el resultado de un proceso natural fallido. Curar el trauma requiere una experiencia directa del organismo que vive, siente y conoce. Los principios que voy a compartir contigo son el resultado del trabajo con pacientes y del seguimiento de una serie de indicios relacionados con los orígenes del trauma. Este estudio me ha llevado a los campos de la fisiología, la neurociencia, la conducta animal, las matemáticas, la psicología y la filosofía, por nombrar solo unos pocos. Al principio, mis éxitos respondían a la casualidad y a la pura suerte. A medida que trabajaba con personas e iba cuestionando lo que aprendía, profundizando en mis conocimientos sobre los misterios del trauma, fui capaz de prever el éxito en vez de obtenerlo por azar. Progresivamente me fui convenciendo de que el repertorio instintivo del organismo humano incluye un profundo conocimiento biológico que, si se le da la oportunidad, nos guiará en el proceso de sanación del trauma.

A la vez que el creciente énfasis en abordar estas respuestas instintivas curaba a los pacientes, mi curiosidad se traducía en una mayor comprensión. Los individuos sentían un inmenso alivio al comprender, por fin, cómo se originaban los síntomas y al aprender a reconocer y experimentar sus propios instintos en acción.

«Somatic Experiencing»® es una realidad nueva y, por el momento, no es objeto de una rigurosa investigación científica. Todo lo que tengo para defender la validez de este método son varios cientos de casos individuales de personas que aseguran que los síntomas que antaño les impedían vivir una vida plena y satisfactoria han desaparecido o han remitido considerablemente.

Suelo trabajar en un contexto terapéutico individual, y a menudo lo hago junto a otras prácticas. Es obvio que este libro no puede sustituir el trabajo individual con un terapeuta especializado. Sin embargo, creo que muchos de los principios y buena parte de la información que ofrecemos aquí puede utilizarse para facilitar la curación del trauma. Si estás en terapia, te puede resultar útil compartir este libro con el profesional que te atiende. Si no acudes a consulta, puedes recurrir a esta obra para tu trabajo personal. No obstante, hay limitaciones. Tal vez necesites que te guíe un profesional calificado.

EL CUERPO COMO SANADOR

> El cuerpo es la orilla del océano del ser.
>
> Proverbio sufí (anónimo)

La primera parte de este libro introduce el concepto de trauma y explica cómo empiezan los síntomas postraumáticos, cómo evolucionan, y por qué son tan contundentes y persistentes. Sienta las bases de un conocimiento que disipa la tupida red de mitos sobre el trauma y los sustituye por una descripción sencilla y coherente de los procesos psicológicos básicos que lo producen. Así como la mente no suele hacer caso a nuestros instintos naturales, tampoco desencadena la reacción traumática. Nos parecemos a nuestros amigos de cuatro patas más de lo que nos gustaría pensar.

Cuando hablo de nuestro «organismo», me refiero a la definición del diccionario Webster: «Una compleja estructura de elementos interdependientes y subordinados cuyas relaciones y propiedades están en gran medida determinadas por su función en el conjunto». El organismo define nuestra totalidad, que no se deriva de la suma de sus partes individuales (es decir, huesos, sustancias químicas, músculos, órganos, etc.), sino que emerge de su compleja interrelación dinámica. El cuerpo y la mente, los instintos primitivos, las emociones, el intelecto y la espiritualidad han de considerarse como un todo cuando estudiamos el organismo. El vehículo a través del que nos experimentamos a nosotros mismos en tanto que organismos es la «percepción sensible». La percepción sensible es el medio que nos permite experimentar la plenitud de la sensación y el autoconocimiento. Entenderás mejor estos términos conforme avances en la lectura y practiques algunos de los ejercicios.

La «Primera parte: El cuerpo como sanador» ofrece una panorámica del concepto de trauma y del proceso de curación en tanto que fenómeno natural. Aborda la sabiduría innata para sanar que todos poseemos y la entreteje en un todo coherente. Haremos un viaje para conocer algunas de nuestras respuestas biológicas más primitivas. Saldrás de la primera parte con una visión más completa del funcionamiento de tu organismo y de cómo puedes trabajar con él para reforzar tu vitalidad y bienestar, así como para disfrutar más de la vida en general, tanto si manifiestas síntomas traumáticos como si no.

En esta parte planteo ejercicios que te ayudarán a empezar a conocer la percepción sensible a través de tu propia experiencia. Estos ejercicios son importantes. No existe otra forma de transmitir cómo opera este fascinante aspecto del ser humano. Para muchos, adentrarse en el reino de la percepción sensible es como entrar en una extraña tierra ignota, un paraje que han visitado a menudo sin molestarse siquiera en contemplar el paisaje. En cuanto leas y experimentes esta sección, descubrirás que parte de lo que se dice sobre cómo funciona tu cuerpo son cosas que ya sabías.

La «Segunda parte: Síntomas del trauma» ofrece una explicación más profunda de los elementos esenciales de la reacción traumática, de sus síntomas y de la realidad con la que vive una persona traumatizada.

La «Tercera parte: Transformación y renegociación» describe el proceso a través del cual podemos transformar nuestros traumas, tanto personales como sociales.

La «Cuarta parte: Primeros auxilios para el trauma» incluye información práctica para prevenir un trauma después de un accidente. También ofrece una breve descripción del trauma infantil. (Este tema se tratará en exclusiva en un futuro libro.)

Creo que todos necesitamos comprender la información esencial que contiene este libro. Esta información nos lleva a profundizar en nuestra experiencia y comprensión del proceso de curación del trauma y nos ayuda a cultivar la confianza en nuestro organismo. Es más, creo que es una información pertinente tanto en el ámbito personal como social. La magnitud del trauma generado por los acontecimientos que afectan a nuestro mundo causa estragos en familias, comunidades y poblaciones enteras. El trauma puede perpetuarse a sí mismo. Un trauma engendra otro trauma, y así continuará indefinidamente, saltando de una generación a otra en las familias, las comunidades y los países, hasta que demos los pasos necesarios para contener su propagación. Por el momento, el trabajo de transformar el trauma en el seno de grupos de personas aún está en pañales. La tercera parte incluye una descripción de un método de sanación utilizado en grupos y que estoy desarrollando, junto a algunos colegas, en Noruega.

Dado que suelo recomendar a los individuos que trabajan en un plano terapéutico que busquen la ayuda de profesionales calificados como aliados en su proceso, espero que este libro también sirva de ayuda a esos profesionales. Pocos psicólogos tienen la suficiente formación en fisiología como para reconocer las aberraciones de la experiencia que pueden suscitarse cuando no se permite que los procesos fisiológicos sigan su curso natural. Idealmente, la información que aporta este libro introducirá nuevas posibilidades para el tratamiento del trauma. Mi experiencia me ha enseñado que muchos de los métodos más populares para curar el trauma tan solo ofrecen, en el mejor de los casos, un alivio temporal. Algunos enfoques catárticos que fomentan la recreación emocional intensa del trauma pueden resultar perjudiciales. Creo que, a largo plazo, los enfoques catárticos crean una dependencia de la catarsis y fomentan la aparición de los llamados «falsos recuerdos». Debido a la naturaleza del trauma, hay muchas posibilidades de que la recreación catártica de una experiencia resulte más traumatizante que sanadora.

La psicoterapia aborda un amplio espectro de cuestiones y problemas que van más allá de este aspecto en particular: el *shock* traumático, objetivo primordial de este libro. El *shock* traumático tiene lugar cuando experimentamos acontecimientos que suponen una posible amenaza para nuestra vida y que superan nuestra capacidad de responder de forma efectiva. En cambio, los individuos traumatizados por un abuso constante durante la infancia, en especial si el abuso se dio en el ámbito familiar, pueden sufrir un «trauma del desarrollo». El trauma del desarrollo se refiere fundamentalmente a las secuelas psicológicas que suelen derivarse de una educación y crianza inadecuadas en etapas cruciales del desarrollo infantil. Aunque las dinámicas que los producen son distintas, la crueldad y el abandono pueden provocar síntomas similares y a menudo vinculados a los del *shock* traumático. Por esta razón, quienes han sufrido un trauma del desarrollo necesitan el apoyo de un terapeuta para superar las secuelas asociadas a sus reacciones traumáticas.

Cuando el *shock* traumático es el resultado de un suceso o una serie de sucesos aislados y no existe una historia consistente de traumas previos, creo que las personas, junto a su familia y amigos, tienen una capacidad extraordinaria para lograr su propia curación. Aconsejo encarecidamente esta práctica. He escrito este libro en un lenguaje no demasiado técnico. También va dirigido a los padres, a los profesores, al personal al cuidado de los niños y a otros individuos que actúan como guías y modelos de los más pequeños, a quienes podrán ofrecer un regalo de incalculable valor si les ayudan a resolver inmediatamente su reacción ante cualquier acontecimiento traumático. Además, a médicos, enfermeros, paramédicos, policías, bomberos, personal de rescate y a quienes trabajan habitualmente con víctimas de accidentes y de desastres naturales les resultará útil este material, no solo en el trabajo que realizan con los individuos traumatizados, sino también para sí mismos. Ser testigos de la devastación humana, sea cual sea su naturaleza, y en especial cuando ocurre constantemente, pasa factura y a menudo resulta tan traumático como experimentar el acontecimiento en carne propia.

CÓMO UTILIZAR ESTE LIBRO

Concédete tiempo para absorber el material a medida que vayas leyendo. Pon en práctica los ejercicios que sugiere el libro. Avanza lentamente y sin forzar el paso. El trauma es la consecuencia de los impulsos más poderosos que el cuerpo humano es capaz de producir. Exige respeto. No te harás daño si digieres el material rápida o superficialmente, pero no obtendrás el mismo beneficio que si te tomas el tiempo para asimilar la información sin prisas.

Si en algún momento el material o los ejercicios te parecen perturbadores, detente y déjalo reposar. Examina tu experiencia y descubre lo que guarda en tu interior. Muchas de las ideas erróneas sobre el trauma están profundamente arraigadas y pueden influir en tu experiencia, así como en tu actitud hacia ti mismo. Si esto sucede, es importante reconocerlo. Si una parte de tu atención se centra en tu reacción al material, tu organismo te guiará al ritmo adecuado.

La sensación corporal, en vez de la emoción intensa, es la clave para superar el trauma. Sé consciente de toda reacción emocional que crezca dentro de ti, y atiende al modo en que tu cuerpo experimenta estas emociones en forma de sensaciones y pensamientos. Si tus emociones se vuelven demasiado intensas (es decir, si se presentan en forma de ira, terror, desesperación profunda, etc.), necesitarás recurrir a la ayuda de un profesional competente.

El trauma no tiene por qué ser una cadena perpetua. De todos los trastornos que atacan al organismo humano, el trauma podría llegar a reconocerse como algo beneficioso. Digo esto porque, al curar el trauma, se produce una transformación que puede mejorar nuestra calidad de vida. La curación no necesariamente requiere medicamentos sofisticados, procedimientos elaborados o largas sesiones de terapia. Cuando comprendas cómo funciona el trauma y aprendas a identificar los mecanismos que impiden su resolución, tú también empezarás a reconocer los caminos que tu organismo emprende para intentar sanar por sí mismo. Si aplicas unas pocas ideas y técnicas sencillas, estarás en condiciones de favorecer, en lugar de obstruir, esta capacidad de curación innata. Las herramientas que presentamos aquí te ayudarán a superar el trauma y a seguir tu camino con una conciencia más plena y más seguro de ti mismo. Aunque el trauma puede ser el infierno en la tierra, un trauma resuelto es un regalo de los dioses, un viaje heroico que nos pertenece a todos.

El cuerpo como sanador

No importa dónde estemos, la sombra que corre detrás de nosotros tiene, definitivamente, cuatro patas.

CLARISSA PINKOLA ESTÉS
doctora, autora de *Mujeres que corren con los lobos*

Sombras de un pasado olvidado

... nuestra mente aún tiene sus Áfricas ignotas, sus Borneos sin cartografiar y sus cuencas amazónicas.

ALDOUS HUXLEY

EL PLAN DE LA NATURALEZA

Una manada de impalas pastorea pacíficamente en un suntuoso *wadi*. De pronto, cambia la dirección del viento y trae con él un olor nuevo aunque ya conocido. Los impalas perciben el peligro en el aire y de inmediato se tensan en actitud de alerta. Olfatean, observan y escuchan con atención un momento, pero al no materializarse ninguna amenaza, los animales vuelven a pastar, relajados pero vigilantes.

Aprovechando el momento, un guepardo al acecho salta desde su escondite en la densa maleza. Como si se tratara de un solo organismo, la manada corre hacia una espesura protectora que bordea el *wadi*. Un joven impala tropieza una fracción de segundo y luego se recupera. Pero es demasiado tarde. En un destello, el guepardo se abalanza hacia su víctima y se produce una persecución a la fulgurante velocidad de cien o ciento diez kilómetros por hora.

En el momento del contacto (o justo antes), el joven impala cae al suelo y se rinde a su muerte inminente. Sin embargo, está ileso. El animal petrificado no finge estar muerto. Ha entrado instintivamente en un estado alterado de conciencia que comparten todos los mamíferos cuando la muerte parece inminente. Muchos pueblos indígenas interpretan este fenómeno como la entrega del espíritu de la presa al predador, y en cierto modo, así es.

Los fisiólogos llaman respuesta de «inmovilidad» o «parálisis» a este estado alterado. Es una de las tres respuestas primordiales de los reptiles y mamíferos cuando se enfrentan a una amenaza peligrosa. Las otras dos, la lucha y la huida, nos resultan mucho más conocidas. La respuesta de inmovilidad no se conoce tanto. Sin embargo, mi trabajo a lo largo de los últimos veinticinco años me ha llevado a creer que es el factor individual más importante para desvelar el misterio del trauma humano.

La naturaleza ha desarrollado la respuesta de inmovilidad por dos buenas razones. En primer lugar, es una estrategia desesperada de supervivencia. Tal vez la conozcas mejor como «hacerse el muerto». Pensemos en el joven impala. Existe la posibilidad de que el guepardo decida arrastrar a su presa «muerta» a un lugar a salvo de otros predadores, o a su guarida, donde más tarde compartirá la comida con sus cachorros. En ese momento, el impala podría abandonar su estado de parálisis e intentar una huida precipitada en un momento de descuido. Una vez fuera de peligro, el animal se sacudirá literalmente los efectos residuales de la respuesta de inmovilidad y recobrará el pleno control de su cuerpo. Regresará entonces a su vida normal, como si nada hubiera pasado. En segundo lugar, en la inmovilidad, el animal (y el ser humano) entra en un estado alterado en el que no experimenta ningún dolor. Esto significa que el impala no sufrirá cuando sea desgarrado por los afilados dientes y garras del guepardo.

La mayor parte de las culturas modernas tienden a juzgar esta rendición instintiva ante una amenaza fatal como una debilidad equivalente a la cobardía. Sin embargo, bajo este juicio subyace el profundo temor humano a la inmovilidad. La evitamos porque es un estado similar a la muerte. Actuar así es comprensible, pero pagamos un alto precio. La evidencia psicológica demuestra claramente que la capacidad para entrar y salir de esta respuesta natural es la clave para evitar los efectos enervantes del trauma. Es un regalo que nos hace la naturaleza.

¿POR QUÉ MIRAR A LA NATURALEZA? EL TRAUMA ES FISIOLÓGICO

> Tal como oímos la sangre en nuestros oídos, los ecos de un millón de aullidos nocturnos de monos, cuya última visión del mundo han sido los ojos de una pantera, han dejado su huella en nuestro sistema nervioso.
>
> PAUL SHEPARD*

La clave para curar síntomas traumáticos en los seres humanos reside en nuestra fisiología. Cuando nos enfrentamos a lo que percibimos como una amenaza fatal o ineludible, los seres humanos y los animales recurrimos a la respuesta de inmovilidad. Es importante comprender que esta función es involuntaria. Esto quiere decir que el mecanismo fisiológico que gobierna esta respuesta reside en las regiones primitivas e instintivas de nuestro cerebro y sistema nervioso, y que escapa a nuestro control consciente. Por esta razón considero que el estudio de la conducta de los animales salvajes es fundamental para la comprensión y la curación del trauma humano.

Las regiones involuntarias e instintivas del cerebro humano y del sistema nervioso son prácticamente idénticas a las de otros mamíferos e incluso a las de los reptiles. Nuestro cerebro, que a menudo se concibe como un órgano trino, está formado por tres sistemas integrales. Estas tres partes se conocen comúnmente como cerebro reptiliano (instintivo), cerebro mamífero o límbico (emocional) y cerebro huma-

* The Others – How Animals Made Us Human, Island Press, 1996.

no o neocórtex (racional). Dado que el ser humano comparte con los animales las regiones del cerebro que se activan ante una situación peligrosa, podemos aprender mucho al estudiar cómo determinados animales, como el impala, evitan el trauma. Yendo un paso más allá, creo que la clave para sanar los síntomas traumáticos en los seres humanos reside en nuestra capacidad para imitar la fluida adaptación de los animales salvajes cuando se agitan y abandonan la respuesta de inmovilidad y recuperan su plena libertad de acción.

A diferencia de los animales salvajes, a los seres humanos no nos resulta fácil resolver el dilema de luchar o huir cuando se presenta una amenaza. El dilema deriva, al menos en parte, del hecho de que nuestra especie ha encarnado ambos roles, el de predador y el de presa. Aunque muchos de ellos eran cazadores, los hombres prehistóricos pasaban largas horas acurrucados en gélidas cuevas, conscientes de que en cualquier momento podían ser descubiertos y despedazados.

Nuestras posibilidades de sobrevivir aumentaron al formar grupos más grandes, descubrir el fuego e inventar herramientas, muchas de las cuales eran armas utilizadas para la caza y la autodefensa. Sin embargo, la memoria genética de que hemos sido presas fáciles ha perdurado en nuestro cerebro y sistema nervioso. Al carecer tanto de la velocidad del impala como de los colmillos y las garras letales del guepardo al acecho, a menudo nuestro cerebro humano cuestiona nuestra capacidad para emprender una acción que nos ponga a salvo. Esta incertidumbre nos ha hecho especialmente vulnerables a los poderosos efectos del trauma. Animales como el ágil y veloz impala saben que son presas y conocen muy bien sus recursos de supervivencia. Saben lo que tienen que hacer y actúan en consecuencia. Del mismo modo, el esprint de ciento doce kilómetros por hora del estilizado guepardo y sus garras y colmillos traicioneros lo convierten en un predador confiado.

Sin embargo, la frontera no está tan clara en el caso del ser humano. Al enfrentarnos a una situación peligrosa, nuestro cerebro racional puede confundirse y anular nuestros impulsos instintivos. Aunque esta desactivación responda a una buena razón, la confusión que la acompaña prepara el escenario para lo que llamo el «complejo de Medusa», el drama que conocemos como trauma.

Como en el mito griego de Medusa, la confusión humana que sobreviene al enfrentarnos a la muerte puede transformarnos en piedra. El miedo puede petrificarnos literalmente, y ello propiciará que surjan síntomas traumáticos.

El trauma es un hecho omnipresente en la vida moderna. La mayoría de nosotros hemos sufrido algún trauma, no solo los soldados o las víctimas de abusos o agresiones. Tanto las causas como las consecuencias del trauma son amplias y a menudo escapan a nuestra conciencia. Entre ellas encontramos desastres naturales (por ejemplo, terremotos, tornados, inundaciones e incendios), exposición a la violencia, accidentes, caídas, enfermedades graves, pérdidas repentinas (por ejemplo, de un ser querido), cirugía y otros procedimientos médicos y odontológicos ineludibles, partos complicados e incluso un nivel elevado de estrés durante la gestación.

Afortunadamente, como somos seres instintivos con la capacidad de sentir, responder y reflexionar, poseemos el potencial innato para curar incluso las heridas traumáticas más devastadoras. También estoy convencido de que, en tanto que somos una comunidad humana global, podemos empezar a curarnos de los efectos de los traumas sociales a gran escala, como los derivados de las guerras y los desastres naturales.

ES UNA CUESTIÓN DE ENERGÍA

Los síntomas traumáticos no vienen causados por el propio acontecimiento «detonante». Surgen del residuo de energía congelado que ni se ha resuelto ni descargado; este residuo queda atrapado en el sistema nervioso y puede causar estragos en nuestro cuerpo y en nuestro espíritu. Los síntomas a largo plazo, alarmantes, debilitantes y a menudo extraños del trastorno de estrés postraumático (TEPT) aparecen cuando no podemos completar el proceso que consiste en entrar, mantener y salir del estado de «inmovilidad» o «parálisis». Sin embargo, seremos capaces de propiciar la descongelación si iniciamos y fomentamos nuestro impulso innato de regresar al estado de equilibrio dinámico.

Vayamos al grano. La energía en el seno del sistema nervioso de nuestro joven impala que está huyendo del guepardo que lo persigue lo impulsa a ciento doce kilómetros por hora. En cuanto el guepardo lanza su arremetida final, el impala se derrumba. Desde fuera, se queda inmóvil y parece muerto, pero en su interior, su sistema nervioso aún está sobrecargado con la velocidad de los ciento doce kilómetros por hora. Aunque se haya quedado inmóvil, lo que ocurre en el cuerpo del impala es similar a lo que sucede si pisamos a fondo el acelerador y frenamos a la vez. La diferencia entre la aceleración interior del sistema nervioso (motor) y la inmovilidad exterior (freno) del cuerpo crea una intensa turbulencia en el organismo, similar a un tornado.

Esta energía en forma de tornado es el punto focal del que emergen los síntomas del estrés traumático. Para que puedas visualizar mejor el poder de esta energía, imagina que haces el amor con tu pareja, estás a punto de alcanzar el clímax y, de pronto, una fuerza exterior te detiene. Ahora, multiplica por cien esa sensación de contención y te acercarás al nivel de energía que despierta una experiencia que pone en peligro la vida.

Un ser humano amenazado (o un impala) debe descargar toda la energía movilizada para afrontar esa amenaza o se convertirá en víctima del trauma. Esta energía residual no desaparece así como así. Persiste en el cuerpo y a menudo fuerza la manifestación de una amplia variedad de síntomas, como ansiedad, depresión y problemas psicosomáticos y conductuales. Estos síntomas son la forma en que el organismo contiene (o acorrala) la energía residual no descargada.

En el mundo natural, los animales liberan instintivamente toda su energía acumulada y apenas desarrollan síntomas adversos. Pero los seres humanos no somos tan hábiles en estas lides. Cuando somos incapaces de liberar estas poderosas fuerzas, nos convertimos en víctimas del trauma. En nuestros, a menudo, infructuosos intentos de descargar esta energía, podemos quedar atrapados en ella. Como una polilla atraída por una llama, quizá sin saberlo, creamos reiteradamente situaciones en las que existe la posibilidad de liberarnos de la trampa del trauma, pero al carecer de las herramientas y los recursos adecuados, la mayoría fracasamos. Por desgracia, el resultado es que el temor y la ansiedad se apoderan de muchos de nosotros y perdemos la plena capacidad para sentirnos a gusto con nosotros mismos o con nuestro mundo.

Muchos veteranos de guerra y víctimas de violaciones conocen muy bien este escenario. Pueden pasar meses o incluso años hablando de su experiencia, recreándola, expresando su ira, temor y aflicción, pero si no van más allá de la primitiva «respuesta de inmovilidad» y liberan la energía residual, a menudo se encontrarán atrapados en el laberinto traumático y seguirán experimentando angustia.

Por suerte, las mismas inmensas energías que crean los síntomas del trauma pueden transformarlo, si se gestionan y encauzan correctamente, e impulsarnos a nuevas cotas de sanación, autodominio e incluso sabiduría. Un trauma resuelto es un gran regalo que nos devuelve al mundo natural de los ciclos, la armonía, el amor y la compasión. Después de pasar los últimos veinticinco años trabajando con personas que han sufrido todo tipo de traumas imaginables, creo que los seres humanos disponemos de la capacidad innata para curarnos tanto a nosotros mismos como a nuestro mundo de los devastadores efectos del trauma.

2

El misterio del trauma

No hace mucho, mientras describía mi trabajo a un empresario, este exclamó: «Un trauma debe de ser lo que tiene mi hija cuando grita mientras duerme. El psicólogo al que la llevé me dijo que "solo eran pesadillas". Y yo sabía que no era solo eso». Tenía razón. Su hija se había asustado mucho en un procedimiento médico rutinario de emergencia y durante semanas gritó y lloró mientras dormía, con el cuerpo casi completamente rígido. Los padres, angustiados, eran incapaces de despertarla. Era muy probable que manifestara una reacción traumática a su estancia en el hospital.

Son muchas las personas que, como este empresario, han experimentado algo inexplicable en algún momento de su vida, o han observado algo similar en alguien cercano. Aunque no todos estos acontecimientos inexplicables son síntomas traumáticos, muchos sí lo son. Las profesiones que brindan «apoyo» tienden a describir el trauma en términos del suceso que lo ha provocado, en lugar de definirlo en sus propios términos. Como no disponemos de una forma precisa para definir el trauma, puede resultar difícil reconocerlo.

La definición oficial que psicólogos y psiquiatras utilizan para diagnosticar un trauma nos dice que su origen es un suceso estresante que va «más allá de la experiencia humana habitual, y que resultaría notablemente perturbador para casi todos los individuos».* Esta definición abarca las siguientes experiencias inusuales: «Una grave amenaza a la integridad física o a la propia vida; un grave peligro o un daño sufrido por uno de los hijos, cónyuge u otros familiares o amigos cercanos; la repentina destrucción del propio hogar o comunidad; ser testigo de cómo otra persona padece heridas o muere como resultado de un accidente o violencia física».

En cierto modo, esta descripción es útil como punto de partida, pero también es vaga y engañosa. ¿Quién puede decir qué está «más allá de la experiencia humana habitual» o es «notablemente perturbador para casi todos los individuos»? Los acontecimientos mencionados en la definición son calificadores útiles, pero hay muchos otros sucesos potencialmente traumatizantes que caen en categorías más difusas. Accidentes, caídas, enfermedades e intervenciones quirúrgicas que el cuerpo percibe inconscientemente como amenazas, a menudo no se considera conscientemente que estén fuera de la experiencia humana habitual. Sin embargo, es frecuente que deriven en traumas. Además, las violaciones, los tiroteos desde vehículos y otras tragedias ocurren con frecuencia en muchas comunidades. Aunque se consideren dentro de la experiencia habitual, las violaciones y los tiroteos siempre serán traumáticos.

La curación del trauma depende del reconocimiento de sus síntomas. Como los síntomas traumáticos son, en gran medida, el resultado de respuestas primitivas, suelen ser difíciles de detectar. La gente no necesita una definición del trauma; lo que necesita es una experiencia vivencial de qué se siente al sufrirlo. Una de mis pacientes me contó lo siguiente:

Mi hijo de cinco años y yo jugábamos en el parque cuando él lanzó la pelota muy lejos de mí. Mientras yo iba por ella, él corrió hacia una calle muy transitada en busca de otra pelota que había visto. Mientras yo recogía la pelota con la que habíamos jugado, oí el chirrido largo y estridente de los frenos de un coche. Supe al instante que a Joey lo habían atropella-

* *Diagnostic Statistics Manual, DSM III*, edición revisada, 1993. (trad. cast.: *Manual diagnóstico y estadístico de los trastornos mentales*, Barcelona, Elsevier Masson, 1988).

do. Tuve la sensación de que el corazón se me caía al fondo del estómago. Toda la sangre de mi cuerpo dejó de circular y se estancó en mis pies. Pálida como un fantasma, me lancé a correr hacia la multitud que se había formado en la calle. Mis piernas pesaban como el plomo. No veía a Joey por ninguna parte, pero tenía la certeza de que había estado implicado en el accidente, mi corazón se tensó y se constriñó, y luego se dilató llenando mi pecho de terror. Me abrí paso entre la multitud y me derrumbé junto al cuerpo inmóvil de Joey. El coche lo había arrastrado varios metros antes de detenerse. Su cuerpo estaba magullado y ensangrentado, con la ropa desgarrada, y permanecía inmóvil. Asolada por el pánico y la desesperación, intenté reanimarlo frenéticamente. Quise limpiar la sangre, pero solo conseguí esparcirla. Intenté colocar en su lugar la ropa desgarrada. Pensaba: «No, esto no está pasando. Respira, Joey, respira». Como si mi fuerza vital pudiera infundir vida en su cuerpo inmóvil, me puse encima de él, presionando mi corazón contra el suyo. El entumecimiento empezó a apoderarse de mí mientras sentía que me alejaba de la escena. Ahora me estaba dejando llevar. Ya no podía sentir nada.

Las personas que han experimentado un trauma de esta magnitud saben lo que es, y sus respuestas al mismo son básicas y primitivas. En el caso de esta desdichada mujer, los síntomas fueron terriblemente explícitos y apremiantes. Sin embargo, en muchos otros casos son más sutiles. Podemos aprender a identificar una experiencia traumática explorando nuestras propias reacciones. Se trata de una sensación inconfundible una vez identificada. Veamos ahora un suceso que está claramente fuera de la experiencia ordinaria.

Chowchilla, California

Un sofocante día del verano de 1976, veintiséis niños de edades comprendidas entre los cinco y quince años fueron secuestrados en su autobús escolar a las afueras de una pequeña ciudad de California. Fueron arrojados a dos oscuras furgonetas, trasladados a una cantera abandonada y encerrados en un agujero subterráneo durante aproximadamente treinta horas. Lograron escapar y fueron ingresados en un hospital local. Allí recibieron tratamiento para las heridas físicas, pero volvieron a casa sin el más mínimo examen psicológico. En opinión de los médicos del hospital, los niños «estaban bien». Los doctores no identificaron que algo andaba mal o que los niños necesitaban una supervisión exhaustiva. Pocos días más tarde se pidió a un psiquiatra local que contactara con los padres de Chowchilla. Este profesional declaró enfáticamente que solo uno de los veintiséis niños podría desarrollar un problema psicológico. Estaba expresando la creencia psiquiátrica común en aquella época.

Ocho meses después de este suceso, otra psiquiatra, Lenore Terr, empezó uno de los primeros estudios de seguimiento científico de niños traumatizados. El estudio incluyó a los pequeños secuestrados. En lugar de un solo caso de secuelas entre los veintiséis, Terr descubrió todo lo contrario: prácticamente todos los niños manifestaban efectos severos a largo plazo en el ámbito psicológico, médico y social. Para muchos de estos niños, el infierno acababa de empezar. Sufrieron pesadillas recurrentes, tendencias violentas y un deterioro de la capacidad para desenvolverse con normalidad en las relaciones personales y sociales. Los efectos eran tan devastadores que la vida y las estructuras familiares de estos niños se vieron completamente destruidas en los años posteriores. El único niño que sufrió un trauma más leve fue Bob Barklay, de catorce años. He aquí un breve resumen de lo que le sucedió durante el acontecimiento traumático.

Los niños llevaban casi un día encerrados en «el agujero» (un remolque enterrado bajo cientos de kilos de polvo y roca en una cantera abandonada) cuando uno de ellos se apoyó en un poste de madera que sostenía el techo. El improvisado pilar cedió y el techo empezó a derrumbarse. En aquel momento, la mayoría de los chicos ya sufría un *shock* severo; paralizados y apáticos, apenas podían moverse. Los que se dieron cuenta de la gravedad de la situación rompieron a gritar. Los niños comprendieron que, si no escapaban pronto, morirían. En este momento de crisis, Bob Barklay consiguió la ayuda de otro chico para excavar una salida. Siguiendo las instrucciones de Bob, los chicos pudieron apartar la tierra suficiente como para excavar un pequeño túnel a través del techo y hasta la cantera.

Bob fue capaz de responder a la crisis y permanecer activo durante la huida. Aunque los otros niños escaparon con él, la mayoría pareció experimentar más miedo al salir de su sepultura que al estar encerrados. De no haberlos animado vigorosamente a salir, se habrían quedado allí, desamparados. Como zombis, tuvieron que ser empujados a la libertad. Esta pasividad se asemeja a la conducta constatada por las unidades militares especializadas en la liberación de rehenes. Se conoce como «síndrome de Estocolmo». Es habitual que los rehenes no se muevan a menos que se les ordene reiteradamente.

EL MISTERIO DEL TRAUMA

Al liberar a los otros niños, Bob Barklay logró superar un desafío extraordinario. Aquel día en Chowchilla no cabe duda de que se comportó como un héroe. Sin embargo, lo más significativo para su vida, y para cualquiera interesado en los traumas, es que salió de aquella prueba sin las devastadoras secuelas traumáticas de los otros veinticinco niños. Fue capaz de mantenerse activo y superar la respuesta de inmovilidad que incapacitó y paralizó completamente a los demás. Algunos estaban tan asustados que la parálisis y la angustia suscitadas por su miedo perduró mucho más allá del peligro real.

Se trata de una cuestión presente en las personas traumatizadas. Son incapaces de superar la ansiedad de su experiencia. Permanecen sobrepasadas, vendidas y aterrorizadas por el acontecimiento. Virtualmente atrapadas en el miedo, no pueden recuperar su vida. Sin embargo, otras personas que experimentan sucesos similares no presentan síntomas duraderos en absoluto. El trauma nos afecta de una forma misteriosa. Esta es una de ellas. Por aterrador que resulte un acontecimiento, no todos los que lo viven quedan traumatizados. ¿Por qué hay personas, como Bob Barklay, que superan la prueba con éxito, mientras que otras, que no parecen menos inteligentes o capaces, sucumben por completo? Y aún más importante, ¿cuáles son las implicaciones para aquellos de nosotros que ya estamos debilitados por un trauma anterior?

Despertar al tigre: un primer acercamiento

El trauma era un completo misterio para mí cuando empecé a trabajar con él. Mi primer gran avance en su comprensión surgió, inesperadamente, en 1969, cuando me pidieron que visitara a Nancy, una mujer que padecía intensos ataques de pánico. Los ataques eran tan severos que era incapaz de salir sola de casa. Me la derivó un psiquiatra que estaba al tanto de mi interés por los métodos de curación cuerpo/mente (un campo oscuro e incipiente en aquella época). Pensó que podría resultar útil algún tipo de terapia de relajación.

La relajación no era la solución. En nuestra primera sesión, cuando yo, ingenuamente y con la mejor de las intenciones, intenté ayudarla a que se relajara, ella tuvo un intenso ataque de pánico. Parecía paralizada e incapaz de respirar. Su corazón latía rápido, y dio la impresión de que casi se paraba. Me asusté mucho. ¿Acaso yo había sembrado el camino hacia el infierno? Afrontamos juntos su espeluznante ataque de pánico.

Al entregarme a mi propio e intenso miedo, y aun así lograr permanecer en el instante presente, tuve la fugaz visión de un tigre saltando hacia nosotros. Arrastrado por la experiencia, exclamé en voz alta: «¡Te está atacando un tigre enorme! ¡Mira cómo se acerca a ti! ¡Corre a ese árbol! ¡Trepa y escapa!». Para mi sorpresa, sus piernas empezaron a temblar y a esbozar el movimiento típico del acto de correr. Emitió un aterrador gemido que llamó la atención de un policía que pasaba por la calle (por suerte, mi compañero de consulta logró explicarle la situación). Ella empezó a temblar, a estremecerse y a gimotear en olas convulsas que sacudían todo su cuerpo.

Nancy siguió temblando durante casi una hora. Recordó un terrible episodio de su infancia. Cuando tenía tres años, la ataron a una mesa de operaciones para extirparle las amígdalas. La anestesiaron con éter. Incapaz de moverse y con la sensación de que se asfixiaba (reacciones habituales al éter), tuvo terribles alucinaciones. Esta experiencia de la infancia tuvo un profundo impacto en su vida. Como los niños traumatizados de Chowchilla, Nancy se sintió amenazada y desbordada y, en consecuencia, quedó fisiológicamente atrapada en la respuesta de inmovilidad. En otras palabras, su cuerpo se resignó literalmente a un estado en el que la huida no era posible. Junto a esa resignación se manifestó una pérdida generalizada de su yo real y de una personalidad segura y espontánea. Veinte años después del acontecimiento traumático, los efectos sutiles y ocultos salieron a la luz. Nancy estaba en una habitación concurrida examinándose para obtener el título universitario cuando tuvo un violento ataque de pánico. Más tarde desarrolló agorafobia (miedo a salir sola de casa). La experiencia fue tan extrema y aparentemente irracional que supo que tenía que buscar ayuda.

Tras el descubrimiento que tuvo lugar en nuestra visita inicial, Nancy se fue de mi consulta con la sensación, en sus propias palabras, «de haber vuelto a ser ella misma». Aunque seguimos trabajando juntos durante algunas sesiones más, en las que siguió experimentando un leve temblor y agitación, el ataque de ansiedad que tuvo ese día fue el último. Dejó de tomar medicación para controlar sus ataques y entró en la universidad, donde completó su doctorado sin ninguna recaída.

Cuando conocí a Nancy, yo estaba estudiando la conducta animal en predadores y presas. Me intrigó la similitud entre la parálisis de Nancy al inicio de su ataque de pánico y lo que le sucedió al impala del capítulo anterior. La mayoría de los animales de presa recurren a la inmovilidad cuando son atacados por un predador más grande y del que no pueden escapar. Estoy muy seguro de que estos estudios influyeron poderosamente en la visión fortuita del tigre imaginario. A lo largo de los años posteriores trabajé para comprender el significado del ataque de ansiedad de Nancy y su respuesta a la imagen del tigre. Hubo muchos desvíos y giros equivocados en el camino.

Ahora sé que lo que catalizó su recuperación no fue la dramática catarsis emocional ni la recreación de la extirpación de las amígdalas en su infancia, sino la descarga de energía que experimentó al pasar de la respuesta de inmovilidad pasiva a una huida activa y exitosa. La imagen del tigre despertó a su yo instintivo y reactivo. El otro profundo conocimiento que obtuve de la experiencia de Nancy fue que los recursos que permiten a una persona salir airosa ante una amenaza pueden utilizarse para la sanación. Esto es cierto no solo en el momento de la experiencia, sino incluso años después del acontecimiento.

Descubrí que era innecesario rastrear en los viejos recuerdos y revivir su dolor emocional para curar el trauma. De hecho, el dolor emocional severo puede resultar traumatizante. Lo que necesitamos hacer para liberarnos de nuestros síntomas y miedos es despertar nuestros profundos recursos fisiológicos y utilizarlos conscientemente. Si seguimos ignorando nuestra capacidad para cambiar el curso de nuestras respuestas instintivas de una forma proactiva en vez de reactiva, seguiremos atrapados y experimentando dolor.

Bob Barklay minimizó el impacto traumático de su experiencia al enfrascarse en la tarea de liberarse a sí mismo y a los otros niños del remolque enterrado. La energía concentrada que empleó en ello es la clave que explica por qué su trauma fue mucho menor que el del resto de los niños. En ese momento no solo se convirtió en un héroe, sino que también contribuyó a liberar a su sistema nervioso de la sobrecarga de la energía no liberada y del miedo en los años venideros.

Nancy se convirtió en una heroína veinte años después de su dura prueba. Los movimientos que realizaron sus piernas para correr ante el tigre ficticio le permitieron actuar del mismo modo. Esta respuesta ayudó a su sistema nervioso a liberarse del exceso de energía que se había movilizado para afrontar la amenaza experimentada durante la extirpación de las amígdalas. Mucho después de su trauma original, fue capaz de despertar su heroísmo y su capacidad para escapar activamente, tal como hiciera Bob Barklay. Los resultados a largo plazo fueron similares para Bob y Nancy. Liberados de los efectos extenuantes que afectan a quienes sufren los traumas, fueron capaces de seguir con su vida. Conforme el trabajo se iba desarrollando, descubrí que el proceso curativo resultaba más efectivo si era menos dramático y tenía lugar de forma más gradual. La lección más importante que descubrí es que todos tenemos la capacidad innata para curar nuestros traumas.

Cuando somos incapaces de fluir a través del trauma y completar las respuestas instintivas, estas acciones incompletas suelen socavar nuestra vida. El trauma sin resolver puede mantenernos en un estado de precaución e inhibición extremas, o llevarnos a círculos progresivamente opresivos en los que llevamos a cabo peligrosas representaciones del mismo incidente, a la victimización y a una imprudente exposición al peligro. Nos convertimos en eternas víctimas o en pacientes en terapia. El trauma puede destruir la calidad de nuestras relaciones y distorsionar las experiencias sexuales. Las conductas sexuales compulsivas, perversas, promiscuas e inhibidas son síntomas habituales de un trauma, y no solo del trauma sexual. Los efectos del trauma pueden ser persistentes y globales o bien sutiles y esquivos. Si no resolvemos nuestros traumas, tendremos la sensación de haber fracasado o de haber sido traicionados por quienes hemos elegido para ayudarnos. No hemos de culparnos a nosotros mismos o a los demás de este fracaso o traición. La solución al problema pasa por aumentar nuestro conocimiento sobre cómo curar el trauma.

Hasta que no comprendamos que los síntomas traumáticos son tanto fisiológicos como psicológicos, nuestros intentos por curarnos resultarán penosamente insuficientes. El meollo de la cuestión consiste en reconocer que el trauma representa un instinto animal mal encauzado. Si sabemos aprovecharlos, la mente consciente puede utilizar estos instintos para transformar los síntomas traumáticos en un estado de bienestar.

> Los actos deben consumarse. Independientemente de su punto de partida, su final será hermoso. Una acción es vil (solo) porque no ha sido completada.
>
> JEAN GENET, *Diario del ladrón*

3

Heridas que pueden curarse

Si un árbol joven resulta herido, crece a partir de esta herida. A medida que crece, la herida se vuelve relativamente pequeña en proporción al tamaño del árbol. Los nudos retorcidos y las ramas deformes nos hablan de heridas y obstáculos que han sido superados. La forma en que un árbol crece a partir de su pasado contribuye a su exquisita individualidad, carácter y belleza. Es evidente que no defiendo que haya que traumatizarse para afianzar el carácter, pero como el trauma se dará casi con total seguridad en algún momento de nuestra vida, la imagen del árbol puede ser un espejo interesante.

Aunque los seres humanos han experimentado el trauma a lo largo de miles de años, solo en los últimos diez ha empezado a recibir una atención pública y profesional generalizada. El trauma es ahora una palabra que nos resulta familiar, y los famosos lo confiesan abiertamente en las revistas del corazón. En ese contexto, el trauma se ha asociado fundamentalmente con el abuso sexual. A pesar del creciente interés profesional, del sensacionalismo y de la saturación de los medios de comunicación, detectamos pocas evidencias de que el trauma se cure.

Las estadísticas demuestran que una de cada tres mujeres y uno de cada cinco hombres sufrió abusos sexuales durante su infancia. A pesar del creciente reconocimiento del abuso sexual, se sabe muy poco de las condiciones necesarias para curarlo. Por ejemplo, muchos individuos traumatizados se identifican y se agrupan como víctimas. Aunque se trate de un primer paso útil para la curación, puede interferir en la recuperación si continúa indefinidamente. El abuso sexual es una de las muchas formas del trauma. Al margen de su origen, tendremos muchas más probabilidades de curarnos de los efectos de un trauma si creamos un marco positivo. La imagen del árbol maduro, rebosante de belleza y personalidad, nos será más útil que negar la experiencia o identificarnos como víctimas o supervivientes.

La raíz del trauma reside en nuestra fisiología instintiva. En consecuencia, descubriremos la llave para su curación a través de nuestro cuerpo, así como de nuestra mente. Cada uno de nosotros debe encontrar esa raíz y ser conscientes de que tenemos una oportunidad, tal vez una de las mejores de nuestra vida. La curación del trauma es un proceso natural al que podemos acceder a través de la conciencia interna del cuerpo. No requiere años de terapia psicológica, ni desenterrar recuerdos reiteradamente y eliminarlos del inconsciente. Veremos que la incansable búsqueda y recuperación de los denominados «recuerdos traumáticos» a menudo interfiere en la sabiduría innata del organismo para sanar.

Mis observaciones de los resultados de individuos traumatizados me han llevado a concluir que los síntomas postraumáticos son, fundamentalmente, respuestas fisiológicas incompletas suspendidas en el miedo. Las reacciones a situaciones amenazadoras siguen siendo sintomáticas hasta que se les pone término. Estos síntomas no desaparecerán hasta que las respuestas sean liberadas y completadas. La energía acumulada en la inmovilidad es susceptible de ser transformada, como hemos visto en los casos de Bob Barklay y Nancy (véase el segundo capítulo). Ambos lograron una movilización biológica y una descarga de la energía de supervivencia que les permitió recuperar una vitalidad plena.

Un pájaro que se estrella contra una ventana, al confundirla con el cielo abierto, parecerá aturdido o incluso muerto. A un niño que observa la colisión del pájaro con el cristal le puede costar mantenerse alejado del animal herido. Tal vez el niño recoja al pájaro por curiosidad, por preocupación o porque quiere ayudar. El calor de las manos del niño facilitará el regreso del pájaro a su actividad habitual. En cuanto el ave empieza a temblar, emite señales de reorientación en su entorno. Tal vez se tambalee ligeramente, intente recuperar su equilibrio y mire a su alrededor. Si el pájaro no está herido y se le permite recorrer el proceso de temblor-reorientación sin interrupción alguna, superará la inmovilidad y se alejará volando sin sufrir un trauma. Si el temblor se interrumpe, el animal puede sufrir graves consecuencias. Si el niño intenta acariciar al pájaro cuando este empieza a dar señales de vida, el proceso de reorientación puede verse perturbado, lo que devolverá al pájaro al estado de *shock*. Si el proceso de descarga es interrumpido reiteradamente, cada sucesivo estado de *shock* será más duradero. En consecuencia, el ave podría morir de miedo, abatida por su propia impotencia.

Aunque rara vez morimos, los seres humanos sufrimos cuando somos incapaces de descargar la energía que queda atrapada en la respuesta de inmovilidad. El veterano traumatizado, la persona que sobrevive a una violación, el niño que ha padecido abusos, el impala y el pájaro: todos ellos se han enfrentado a situaciones abrumadoras. Si son incapaces de orientarse y elegir entre la lucha o la huida, acabarán inmovilizados o se derrumbarán. Quien sea capaz de liberar esa energía se recuperará. En lugar de superar la respuesta de inmovilidad, como suelen hacer los animales, los seres humanos solemos entrar en una espiral descendente, caracterizada por una constelación de síntomas cada vez más erosivos. Para superar el trauma necesitamos una calma, una seguridad y una protección similar a la que las manos del niño ofrecen al pájaro. Necesitamos el apoyo de amigos y conocidos, así como el de la naturaleza. Con este apoyo y estos vínculos podremos empezar a confiar y hacer honor a los procesos naturales que nos llevarán a la realización y a la plenitud, y por último a la paz.

Oliver Sacks, el autor de *Despertares*, *El hombre que confundió a su mujer con un sombrero* y *Migraña*, describe, en el último de estos libros, los contundentes ataques de muchos pacientes. La migraña es una reacción al estrés por parte del sistema nervioso, muy similar y a menudo relacionada con las reacciones postraumáticas (inmovilidad). Sacks nos cuenta la fascinante historia de un matemático atrapado en un ciclo de migraña semanal. El miércoles, el matemático se ponía nervioso e irritable. El jueves y el viernes, el estrés empeoraba hasta el punto de impedirle trabajar. El sábado padecía una intensa agitación, y el domingo desarrollaba un cuadro de migraña en toda regla. Sin embargo, esa misma tarde, el fenómeno se disipaba y acababa por desaparecer. Tras liberarse de la migraña, el hombre experimentaba un renacimiento creativo y esperanzador. El lunes y el martes se sentía fresco, rejuvenecido, renovado. Sereno y creativo, trabajaría con eficiencia hasta el miércoles, cuando se volvería a manifestar la irritabilidad y se iniciaría el nuevo ciclo.

Al utilizar medicación para aliviar los síntomas de migraña de este paciente, Sacks descubrió que a su vez había bloqueado su fuente creativa. El doctor Sacks se lamenta así: «Cuando "curé" a este hombre de sus migrañas, también lo curé de sus matemáticas... Junto a la patología, desapareció la creatividad». Sacks explica que tras un ataque de migraña, los pacientes pueden sudar ligeramente y sentir más ganas de orinar en lo que describe como una «catarsis fisiológica». Cuando ese hombre tomaba la medicación, estas reacciones no se observaban. De un modo análogo, la resolución y curación del trauma suele acompañarse de un leve aumento de la sudoración. Al pasar de los convulsos escalofríos a la creciente excitación y las cálidas y estremecedoras olas de humedad, el cuerpo, gracias a su capacidad innata para sanar, derrite el hielo creado por el trauma paralizante. La ansiedad y el desánimo se pueden transformar en una fuente creativa cuando nos permitimos experimentar sensaciones corporales, como el temblor, que emanan de los síntomas traumáticos.

Retenidos en los propios síntomas del trauma se encuentran la energía, el potencial y los recursos necesarios para su transformación constructiva. Los procesos de curación creativa pueden sufrir múltiples bloqueos: si recurrimos a la medicación para suprimir los síntomas, si sobredimensionamos la necesidad de ajuste o control, o si negamos o rechazamos sentimientos y emociones.

EL TRAUMA NO ES UNA ENFERMEDAD SINO UN MALESTAR

En su artículo «*Wounds That Can Not Heal*» («Heridas que no pueden sanar»), publicado en 1992 en el *New York Times*, el popular escritor científico Daniel Goleman hablaba de la visión médica generalizada de que el trauma es una enfermedad irreversible. Existe la esperanza de que se descubra una píldora mágica (como el Prozac) para curar esta «enfermedad mental». Goleman cita al doctor Dennis Charney, psiquiatra de Yale:

> No importa que se trate del incesante terror del combate, o de vernos atrapados en un huracán... o involucrados en un accidente de tráfico... todo estrés incontrolable puede tener el mismo impacto biológico... Las víctimas de un trauma devastador *tal vez no vuelvan a ser las mismas biológicamente*. [El énfasis es mío.]

El trauma evoca una respuesta biológica que debe mantenerse fluida y adaptable, no fija e inadaptada. Una respuesta inadaptada no es necesariamente una enfermedad, sino un malestar: una indisposición que puede abarcar desde una inquietud moderada a un profundo debilitamiento. Aún puede existir fluidez en la inadaptación, y debe aprovecharse para recuperar la serenidad y el pleno rendimiento. Si estas energías constreñidas no se liberan y el trauma pasa a ser crónico, puede llevar mucho tiempo o energía devolver a la persona a su estado de salud y equilibrio.

En el mismo artículo del *New York Times*, Goleman cita al doctor Nemeroff, otro investigador:

> Si un coche se incendia en el estacionamiento de un centro comercial, nos inundan las mismas emociones que provocaría el trauma original; empezamos a sudar, sentimos miedo, aparecen escalofríos y temblores...

El siguiente paso que sugiere este investigador es «crear medicamentos para contrarrestar esta reacción [de agitación]». Los medicamentos pueden ser útiles para ganar tiempo y que el individuo traumatizado se estabilice. Sin embargo, cuando se usan durante un periodo prolongado para suprimir las propias respuestas con las que el organismo combate el estrés, interfieren en la curación. Para completar su significativo curso de acción biológico, el organismo requiere el temblor y la agitación espontáneas que vemos en el reino animal. En un video de National Geographic de 1982, titulado «La alerta del oso polar», podemos observar este fenómeno con claridad. Tras una persecución estresante, un oso polar recibe un dardo tranquilizante. En su lento despertar de la anestesia, pasa por un largo periodo de temblores y convulsiones antes de volver a la normalidad.

Al considerar el trauma como una enfermedad, es habitual que la medicina pretenda suprimir este proceso creativo y natural, como en el caso del paciente con migrañas del doctor Sacks. Tanto si la respuesta de recuperación se suprime con medicación, es contenida por un miedo paralizante o bien controlada por una voluntad clara, la capacidad innata de autorregulación queda desactivada.

Al contrario de lo que afirma la creencia popular, el trauma se puede curar. Y no solo se puede curar, sino que en muchos casos es posible hacerlo sin largas horas de terapia; sin la recreación de dolorosos recuerdos, y sin una continuada dependencia de la medicación. Debemos comprender que no es posible, ni necesario, cambiar los acontecimientos del pasado. Los síntomas de traumas pasados son ejemplos de una energía atrapada y de lecciones no aprendidas. El pasado no importa si aprendemos a estar presentes; cada momento es nuevo y creativo. Tan solo tenemos que sanar nuestros síntomas actuales y seguir adelante. El momento curativo ondula hacia delante y hacia atrás, se extiende en todas direcciones.

Es más fácil prevenir el trauma que curarlo. Con la información y las herramientas descritas en este libro, pueden prevenirse los efectos de posibles experiencias traumáticas y puede mejorarse la resiliencia del individuo a futuras situaciones amenazadoras. En muchos casos, las herramientas e ideas aquí presentadas te ayudarán a transformar incluso los síntomas de traumas antiguos en experiencias que sean beneficiosas para tu vida. Estas técnicas se pueden utilizar con niños en situación de riesgo, con nuestro cónyuge o con un amigo, a fin de crear una red de apoyo positivo. Evidentemente, hay que tener en cuenta que algunas personas se han visto traumatizadas hasta el punto de requerir ayuda profesional, la cual incluye una medicación apropiada para ayudarlos en su recuperación. No es vergonzoso ni inadecuado buscar esa ayuda. Tal vez quieras compartir este material con tu terapeuta o tu médico para que pueda trabajar mejor contigo.

4

Una nueva y extraña tierra

EL TRAUMA NO ES UNA CADENA PERPETUA

Entre los aterradores y a menudo extraños síntomas que sufren las personas traumatizadas se encuentran: visiones retrospectivas, ansiedad, ataques de pánico, insomnio, depresión, trastornos psicosomáticos, inhibición, ataques de ira violenta y sin motivo, y conductas destructivas reiteradas. Personas que antaño eran sanas pueden verse arrastradas al «borde de la locura» como resultado de acontecimientos que tienen lugar en un periodo de tiempo relativamente breve. Si sacas el tema del trauma, la mayor parte de la gente pensará en veteranos de guerra o en personas que han sufrido graves abusos durante la infancia.

El trauma se ha convertido en algo tan habitual que la mayor parte de la gente ni siquiera reconoce su presencia. Afecta a todo el mundo. Cada uno de nosotros ha tenido una experiencia traumática en algún momento de su vida, nos haya dejado un evidente estrés postraumático o no. Dado que los síntomas del trauma pueden permanecer ocultos años después del acontecimiento detonante, hay personas que pueden estar traumatizadas y aún no ser sintomáticas.

Tanto las causas como los síntomas del trauma son increíblemente amplios y diversos. Hoy se sabe que el trauma es un suceso común que puede tener su origen en incidentes aparentemente inocuos. La buena noticia es que no tenemos que vivir con él; al menos, no para siempre.

El trauma se cura, y aún es más fácil prevenirlo. Se pueden curar sus síntomas más extraños si estamos dispuestos a que nuestros instintos naturales, biológicos, nos sirvan de guía. Para conseguirlo, tenemos que aprender una nueva forma de comprendernos y experimentarnos a nosotros mismos. Para la mayoría de nosotros, será como vivir en una nueva y extraña tierra.

La nueva y extraña tierra

Te voy a llevar a las regiones oscuras y primigenias del mundo que una vez fue habitado exclusivamente por reptiles. Este mundo primitivo aún está muy vivo en nosotros. Sigue albergando algunos de nuestros recursos personales más valiosos. A la mayoría se nos enseña a ignorar estos recursos innatos y a depender de las «ventajas» que nos ofrece la tecnología. Decidimos aceptar esta solución sin advertir que hemos renunciado a un aspecto importante de nuestro ser. Tal vez no somos conscientes de haber tomado esta decisión.

Cuando los seres humanos vagaban por valles y colinas, recogían raíces y bayas, cazaban animales salvajes y vivían en cuevas, nuestra existencia estaba íntimamente vinculada al mundo natural. Cada día, cada minuto, cada segundo estábamos preparados para defendernos a nosotros mismos, a nuestras familias y a nuestros aliados de los predadores y de otros peligros; a menudo, a riesgo de perder nuestra propia vida. La ironía es que los eventos amenazadores a los que los individuos prehistóricos se enfrentaban rutinariamente moldearon nuestro moderno sistema nervioso para responder enérgicamente y con plenitud a cualquier amenaza para nuestra supervivencia. Hasta el día de hoy, cuando ejercitamos esta capacidad natural, nos sentimos vivos y animados, poderosos, exultantes, llenos de energía y listos para afrontar cualquier desafío. Al sentirnos amenazados, recurrimos a nuestros recursos más profundos y experimentamos todo nuestro potencial como seres humanos. Por otra parte, nuestro bienestar físico y emocional se ve reforzado.

La vida moderna nos ofrece pocas oportunidades evidentes para utilizar esta capacidad poderosamente evolucionada. En la actualidad, nuestra supervivencia depende cada vez más de nuestra capacidad para pensar y no tanto de que seamos capaces de responder físicamente. En consecuencia, la mayoría de nosotros se ha separado de su yo natural e instintivo, en particular de aquella parte que, orgullosamente y sin menosprecio, podríamos reivindicar como animal. Al margen de cómo nos consideremos a nosotros mismos, en el sentido más básico somos, literalmente, animales humanos. Los retos fundamentales que afrontamos en el presente han aparecido relativamente rápido, pero nuestro sistema nervioso cambia con mucha más lentitud. No es casualidad que las personas que están más en contacto con su yo natural tiendan a superar mejor el trauma. Sin un fácil acceso a los recursos de este yo primitivo e instintivo, los seres humanos alienan su cuerpo de su alma. La mayoría de nosotros no se considera ni se siente como un animal. Sin embargo, al vivir al margen de nuestros instintos y reacciones naturales, tampoco somos plenamente humanos. Vivir en un limbo en el que no somos ni animales ni somos del todo humanos puede originar un gran número de problemas, y uno de ellos es la vulnerabilidad al trauma.

Para permanecer sanos, nuestro sistema nervioso y nuestra psique necesitan afrontar retos y superarlos. Si no hacemos frente a esta necesidad, o cuando nos vemos desafiados y no podemos triunfar, perdemos vitalidad y somos incapaces de volver a comprometernos de lleno con la vida. Quienes han padecido una guerra, agresiones, accidentes y otros acontecimientos traumáticos sufren consecuencias mucho más severas.

¡TRAUMA!

Pocas personas cuestionan la gravedad de los problemas originados por los traumas, y sin embargo nos cuesta comprender por qué hay tantas personas afectadas. En un estudio reciente que incluía a más de mil hombres y mujeres, se descubrió que el cuarenta por ciento había experimentado algún episodio traumático en los últimos tres años. Los más citados fueron: violación o agresión física, accidente grave y ser testigo de la muerte o las heridas sufridas por otra persona. Se considera que hasta un treinta por ciento de las personas sin hogar en Estados Unidos son veteranos de Vietnam que padecen estrés postraumático. Entre setenta y cinco y cien millones de estadounidenses han sufrido abusos sexuales y físicos durante la infancia. La conservadora Asociación Médica Estadounidense (AMA, por sus siglas en inglés) estima que más del treinta por ciento de las mujeres casadas, y un treinta por ciento de las embarazadas, han sido maltratadas por sus cónyuges. Cada nueve segundos, una mujer es maltratada por su marido o amante (las agresiones a mujeres embarazadas también son traumáticas para el feto).

La guerra y la violencia han afectado la vida de casi todo hombre, mujer y niño de este planeta. En los últimos años, comunidades enteras se han visto aniquiladas o devastadas por desastres naturales: los huracanes *Hugo*, *Andrew* e *Iniki*; las inundaciones del Medio Oeste y California; el incendio de Oakland; los terremotos de Loma Prieta, Los Ángeles, Ciudad de México, El Cairo y Kobe, y muchos más. Todas las personas afectadas por estos acontecimientos corren el riesgo de sufrir traumas, o los sufren ya.

Muchas otras personas padecen síntomas traumáticos que pasan desapercibidos. Por ejemplo, entre el diez y el quince por ciento de los adultos experimenta ataques de pánico, fobias o una ansiedad injustificada. El setenta y cinco por ciento de los pacientes que acuden al médico refieren un problema que se etiqueta como psicosomático porque no puede encontrarse una explicación física que lo justifique. Mi trabajo me hace pensar que estos individuos arrastran historias traumáticas que, cuando menos, contribuyen a su sintomatología. La depresión y la ansiedad, al igual que el trastorno mental, suelen tener antecedentes traumáticos. Un estudio realizado por Bessel van der Kolk,* un respetado investigador en el campo del trauma, demostró

* *Psychologial Trauma*, American Psychiatric Press, 1987.

que los pacientes de una gran institución mental presentaban síntomas indicativos de trauma con una elevada frecuencia. Muchos de estos síntomas fueron ignorados en su momento porque nadie reconoció su importancia.

En la actualidad, la mayoría de la gente es consciente de que el abuso sexual, el maltrato físico o el emocional, así como la exposición a la violencia o al peligro, pueden alterar profundamente la vida de una persona. Lo que la mayoría desconoce es que muchas situaciones aparentemente inocuas pueden resultar traumáticas. Las consecuencias del trauma pueden ser muy numerosas y permanecer ocultas. En el transcurso de mi carrera he descubierto una extraordinaria variedad de síntomas (problemas conductuales y psicosomáticos, falta de vitalidad, etc.) relacionados no solo con los acontecimientos traumáticos antes mencionados, sino también con sucesos ordinarios.

Los sucesos habituales pueden generar secuelas traumáticas que resultan tan extenuantes como las experimentadas por veteranos de guerra o supervivientes de abuso infantil. Los efectos traumáticos no siempre aparecen inmediatamente después de los incidentes que los provocan. Los síntomas pueden permanecer latentes durante años o incluso décadas. Entonces, durante una época estresante, o como resultado de otro incidente, pueden aparecer sin avisar. Tal vez no aparezca indicio alguno de la causa original. Por lo tanto, un evento aparentemente insignificante puede desembocar en un colapso repentino, semejante al que podría causar un único acontecimiento catastrófico.

Lo que desconocemos puede hacernos daño

En lo que respecta al trauma, lo que desconocemos puede hacernos daño. No saber que estamos traumatizados no nos evitará los problemas causados por este trastorno. Sin embargo, con el increíble laberinto de desinformación y los mitos que existen en torno a los traumas y su tratamiento, la negación es comprensible.

Ya es bastante difícil abordar únicamente los síntomas del trauma como para añadir la ansiedad que provoca desconocer por qué los estamos experimentando o si alguna vez cesarán. La ansiedad aflora por muchas razones, entre ellas el profundo dolor suscitado cuando tu pareja, tus amigos y tus familiares se unen en la convicción de que ha llegado la hora de que continúes con tu vida. Quieren que actúes con normalidad porque creen que ya deberías haber aprendido a vivir con tus síntomas. Si te aconsejan equivocadamente que la única forma de aliviar los síntomas es través de una terapia o medicación de por vida, afloran sentimientos de impotencia, futilidad y desesperación. Puede surgir distanciamiento y miedo al pensar en explicarle a alguien tus síntomas, ya que son tan extraños que estás seguro de que nadie puede estar experimentando nada semejante. También sospechas que nadie te creerá si lo explicas, y que tal vez te estás volviendo loco. A todo ello se suma el estrés añadido ante las crecientes facturas médicas, que se acumulan en la tercera o cuarta ronda de pruebas, tratamientos, derivaciones y, por último, cirugía exploratoria, con el fin de averiguar la causa del misterioso dolor. Vivimos con la convicción de que los médicos creen que somos hipocondríacos, ya que no encuentran el origen de nuestra dolencia.

A la hora de interpretar los síntomas del trauma, precipitarse a una conclusión errónea también resulta devastador. La interpretación incorrecta de los síntomas puede acarrear consecuencias nocivas si lleva a la gente a creer que sufrió abusos sexuales, maltratos físicos o incluso rituales en su infancia, cuando no fue así. De ninguna forma sugiero que el abuso infantil no exista. Un gran número de niños padece a diario abusos intolerables en todos los estratos sociales. Muchos de ellos no recuerdan esos abusos hasta la etapa adulta. Sin embargo, como explicaré en capítulos posteriores, la dinámica del trauma es tal que es capaz de producir extraños y aterradores «recuerdos» de acontecimientos pasados que parecen extremadamente reales, pero que jamás sucedieron.

El volumen de desinformación sobre el trauma, su tratamiento y las perspectivas de recuperación del individuo traumatizado es asombroso. Incluso muchos profesionales que se especializan en este campo no lo comprenden. Inevitablemente, la desinformación conduce a la ansiedad y a más sufrimiento.

La realidad de las personas traumatizadas

Todos nosotros hemos tenido experiencias que, al contarlas, pierden algo. Nos encogemos de hombros y decimos: «Tenías que haber estado allí». El trauma es una de esas experiencias. Las palabras no pueden transmitir con precisión la angustia que experimenta una persona traumatizada. Es de una intensidad que desafía toda descripción. Muchos individuos traumatizados sienten que viven en un infierno personal que es imposible compartir con ningún otro ser humano. Aunque esto no es del todo cierto, algunos elementos de esta percepción son exactos. He aquí un resumen de aquello a lo que se enfrentan quienes han sufrido un trauma severo:

Todo me da miedo. Me da miedo levantarme por la mañana. Me da miedo salir de casa. Me aterra la muerte... no la idea de morir algún día, sino la sensación de que voy a morir en los próximos minutos. Temo la ira... la mía propia y la ajena, incluso cuando no está presente. Temo el rechazo o el abandono. Temo el éxito y el fracaso. Todos los días me duele el pecho, y siento un hormigueo y un entumecimiento en brazos y piernas. Casi a diario sufro calambres cuya intensidad oscila entre los calambres típicos de la menstruación y el dolor intenso. Me siento mal constantemente. Creo que no puedo seguir así. Me duele la cabeza. Siempre estoy nerviosa. Me falta el aliento, se me acelera el corazón, siento desorientación y pánico. Mi boca está seca y siempre tengo frío. Me cuesta tragar. No tengo energía ni motivación, y cuando consigo algo, no siento satisfacción. Me siento abrumada, confusa, perdida, impotente y desesperanzada todos los días. Padezco estallidos incontrolables de rabia y depresión.

Sigue con tu vida

> Si duele, escóndelo.
>
> Michael Martin Murphey,
> *The Cowboy Logic* (canción)

Dado que los síntomas y las emociones que se asocian al trauma pueden resultar extremos, la mayoría de nosotros (y quienes tenemos a nuestro alrededor) retrocedemos e intentamos reprimir estas intensas reacciones. Por desgracia, esta negación impide nuestra curación. En nuestra cultura hay una falta de tolerancia a la vulnerabilidad emocional que experimentan las personas traumatizadas. Se concede poco tiempo a la superación de los acontecimientos emocionales. Se nos suele presionar para que superemos rápidamente las secuelas de una situación que nos abruma.

La negación es tan común en nuestra cultura que se ha convertido en un cliché. ¿Cuántas veces hemos oído estas palabras? «Anímate, ya pasó. Deberías olvidarlo. Sonríe y sigue adelante. Es hora de retomar tu vida.»

¿Quién está traumatizado?

Nuestra capacidad para responder apropiadamente a un peligro o una amenaza viene determinada por una serie de factores:

El propio acontecimiento. ¿Hasta qué punto es amenazante? ¿Cuánto dura? ¿Con qué frecuencia ocurre? Los acontecimientos amenazadores que son intensos y continuos presentan un mayor desafío. Los incidentes muy peligrosos y que ocurren reiteradamente (pero con algunas prórrogas) son igualmente desafiantes. La guerra y el maltrato infantil son dos ejemplos comunes de acontecimientos traumáticos que suelen sobrepasar los recursos individuales de supervivencia.

El contexto vital personal en el momento del acontecimiento trau-mático. El apoyo (o la falta del mismo) de la familia y los amigos puede ejercer un gran impacto. También son significativos los estragos provocados por la mala salud, el estrés constante, el cansancio o la mala alimentación.

Características físicas del individuo. Algunas personas son por constitución (genéticamente) más resilientes a los eventos estresantes. La fuerza, la rapidez y la forma física general también pueden ser importantes en algunas situaciones. Aún más relevante es la edad de la persona o el nivel de resiliencia y desarrollo fisiológico. Quedarse solo en una fría habitación puede ser totalmente perturbador para un bebé, aterrador para un niño pequeño, inquietante para uno de diez años y moderadamente incómodo para un adolescente o un adulto.

Las capacidades aprendidas de la persona. Los bebés y los niños, o cualquiera que carezca de la experiencia o las habilidades para gestionar una situación amenazadora, son más vulnerables al trauma. En el ejemplo anterior, un adolescente o adulto no solo toleran más fácilmente el frío y el aislamiento, sino que se quejan, buscan un termostato, intentan salir de la habitación, se ponen un suéter o se frotan los brazos. En diverso grado, estas opciones no están al alcance de un bebé o un niño más joven. Por ello, es habitual que las reacciones traumáticas se remonten a una etapa temprana de la infancia. Es importante recordar que una reacción traumática es válida independientemente de cómo los demás perciben el acontecimiento que la indujo.

La percepción que cada individuo tiene de su capacidad para afrontar el peligro. Algunas personas se sienten capaces de defenderse a sí mismas de un peligro, pero otras no. Esta sensación de autoconfianza es relevante, y no viene completamente determinada por los recursos de que disponemos para afrontar una situación amenazadora. Estos recursos pueden ser internos o externos.

Recursos externos. Lo que el entorno ofrece en la vía de la posible seguridad (por ejemplo, un árbol robusto, rocas, grietas estrechas, un buen escondite, un arma, un amigo que nos brinda su ayuda) contribuye a la sensación interna de que tenemos abundantes recursos, si nuestro grado de desarrollo es tal que nos permite aprovecharlos. Para un niño, un recurso externo podría ser un adulto que lo trata con respeto en lugar de maltratarlo, o un lugar seguro donde los abusos no tienen lugar. Un recurso (especialmente en el caso de los niños) puede presentarse de muchas formas: un animal, un árbol, un peluche o incluso un ángel.

Recursos internos. Internamente, el sentido del yo que experimenta una persona se ve influido por una compleja serie de recursos. Entre ellos se incluyen las actitudes psicológicas y la experiencia, pero aún más importantes son las respuestas instintivas, conocidas como planes de acción innata, que están profundamente arraigados en el organismo. Todos los animales, incluidos los seres humanos, recurren a estas soluciones instintivas para aumentar sus posibilidades de supervivencia. Son como programas predeterminados que rigen todas nuestras respuestas biológicas básicas (por ejemplo, la alimentación, el descanso, la reproducción y la autodefensa). En una persona sana, el sistema nervioso hace aflorar estos planes innatos de acción defensiva en cuanto se percibe una amenaza. Por ejemplo, tu brazo se alza de repente para protegerte de una pelota que no habías visto (conscientemente) y que se dirige hacia ti; o te agachas una fracción de segundo antes de pasar junto una rama baja. Los planes de acción innatos también incluyen reacciones de lucha y huida.

Un ejemplo más complejo es esta historia que me contó una mujer: va caminando de regreso a casa en la oscuridad cuando atisba a dos hombres que avanzan en su dirección por la banqueta opuesta. En su comportamiento hay algo inquietante, así que la mujer entra inmediatamente en un estado de alerta. Cuando se acercan, los hombres se separan: uno cruza la calle en dirección a ella, el otro sigue una trayectoria en círculo con la intención de rodearla por detrás. Lo que antes era una sospecha queda confirmado: está en peligro. Su ritmo cardiaco aumenta, de pronto la invade un estado de alerta y su mente busca desesperadamente una respuesta óptima. ¿Debería gritar? ¿Es mejor echar a correr? ¿En qué dirección conviene hacerlo? ¿Qué debería gritar? Las opciones giran en su mente a una velocidad frenética. Tiene demasiadas opciones para elegir y no dispone de tiempo para valorarlas bien. De forma drástica, el instinto se hacer cargo de la situación. Sin haber decidido qué hacer conscientemente, de pronto camina con paso firme en dirección al hombre que cruza la calle. Visiblemente sorprendido por su audacia, el hombre gira en otra dirección. El hombre detrás de ella desaparece entre las sombras, mientras el que tiene delante pierde su posición estratégica. Están confundidos. Ella está a salvo.

Gracias a su habilidad para confiar en su instinto, esta mujer no sufrió trauma alguno. A pesar de su confusión inicial respecto a qué hacer, siguió uno de sus planes de acción innata y evitó con éxito el ataque.

El encantador libro *The Hidden Life of Dogs* («La vida oculta de los perros»), de Elizabeth Thomas, describe una conducta similar en *Misha*, un husky siberiano de dos años de edad. En uno de sus paseos de la tarde, *Misha* se tropezó con un enorme y fiero San Bernardo y quedó acorralado entre la carretera y el animal: «Durante unos segundos parecía que *Misha* estaba en problemas, pero el perro resolvió la situación con brillantez. Con la cabeza erguida y la cola alzada en señal de autoconfianza, se lanzó al trote en dirección al San Bernardo». Para la mujer en la calle oscura, al igual que para *Misha*, la resolución exitosa de sus problemas surgió de sus planes de acción instintivos.

Antecedentes de éxito o fracaso. El hecho de que seamos capaces o no de utilizar estos planes de acción instintivos se ve profundamente influido por nuestros éxitos y fracasos pasados en situaciones similares.

Causas del trauma

Me sorprende el amplio abanico de reacciones y acontecimientos traumáticos que he observado a lo largo de mi carrera. Algunos, como las cirugías en la infancia, son eventos significativos pero aparentemente inocuos en la memoria de la persona. Un paciente describe así la siguiente experiencia formativa que vivió con cuatro años de edad:

Me enfrenté a gigantes enmascarados que me ataban a una mesa alta y blanca. Recortada en la fría y dura luz que deslumbraba mis ojos, descubrí la figura de alguien que se dirigía hacia mí con una máscara negra. La máscara despedía un terrible hedor que me asfixiaba, y seguí luchando mientras me la colocaban en el rostro. Mientras intentaba desesperadamente gritar y escapar, caí en un túnel negro y vertiginoso de alucinaciones espantosas. Desperté en una sala de un color verde grisáceo, completamente exhausto. Salvo por un terrible dolor de garganta, parecía estar bien. Pero no lo estaba.

Me sentí completamente abandonado y traicionado. Lo único que me habían dicho antes de la operación fue que podría tomar mi helado favorito y que mis padres estarían conmigo. Después de la operación perdí la sensación de habitar en un mundo seguro y comprensible en el que yo era capaz de desenvolverme. Me consumió una vergüenza desoladora y la sensación de ser mala persona [el cerebro racional asume que debe ser malo para merecer este tipo de castigo]. Después de esta experiencia devastadora, me pasé años con miedo a acostarme y a veces me despertaba en mitad de la noche. Con dificultades para respirar y demasiado asustado y avergonzado como para gritar, me quedaba solo, aterrado ante la idea de asfixiarme hasta morir.

A los seis o siete años, el estrés familiar y la presión de la escuela intensificaron mis síntomas. Me enviaron a una psiquiatra infantil. Su principal preocupación era un perro de peluche blanco, viejo y desgreñado que yo necesitaba tener a mi lado para conciliar el sueño. Siguió sin desvelarse la razón de mi ansiedad y mi timidez excesiva. El enfoque de la doctora consistió en asustarme aún más al contarme los problemas que me depararía mi dependencia del peluche en la vida adulta. Debo decir que la terapia «funcionó» en ese sentido (me deshice del perro de peluche). Sin embargo, mis síntomas no remitieron y desarrollé ataques de ansiedad crónica, frecuentes dolores de estómago y otros problemas «psicosomáticos» que se prolongaron desde la primaria a la universidad.

Muchos acontecimientos pueden provocar reacciones traumáticas en una fase posterior de la vida, en función de cómo los experimente

la persona en su momento. Algunos ejemplos de antecedentes traumáticos comunes son:

- Trauma fetal (intrauterino).
- Trauma al nacer.
- Pérdida de un progenitor o un familiar cercano.
- Enfermedad, fiebre alta, envenenamiento accidental.
- Heridas físicas, incluidas caídas y accidentes.
- Maltrato físico, abuso sexual y emocional, incluidos el abando-
  no severo y las palizas.
- Ser testigos de violencia.
- Desastres naturales como terremotos, incendios e inundaciones.
- Ciertos tratamientos médicos y odontológicos.
- Cirugía, en especial la extirpación de la amígdala con éter. ope-
  raciones del oído y del «ojo vago».
- Anestesia.
- Inmovilización prolongada; el enyesado y entablillado del torso
  o las piernas de niños pequeños por diversas razones (pie zam-
  bo, escoliosis).

El hecho de que las hospitalizaciones y los tratamientos médicos
sean una fuente habitual de traumas es una sorpresa para mucha gente.
Las secuelas traumáticas causadas por largas inmovilizaciones, por
hospitalizaciones y especialmente por cirugías son a menudo severas y
se prolongan en el tiempo. Aunque un individuo admita que una operación es necesaria, y a pesar de estar inconsciente mientras el cirujano
corta carne, músculo y hueso, el cuerpo lo registra como un acontecimiento amenazador. A «nivel celular», el cuerpo percibe que ha sopor-
tado una herida lo bastante grave como para que suponga un peligro de
muerte. Podemos creer mentalmente en una operación, pero a un nivel
primario, nuestro cuerpo no cree en ella. En lo que respecta al trauma,
la percepción del sistema nervioso instintivo tiene más peso; un peso
mucho mayor. Este hecho biológico constituye la razón primordial por
la que a menudo la cirugía produce una reacción postraumática.

En una historia «corriente» publicada en la edición del *Reader's Digest* de julio de 1993 y titulada «*Everything Is Not Okay*», un padre describe la cirugía «menor» de la rodilla de su hijo Robbie:

> El médico me dice que todo está bien. La rodilla está perfecta, pero no todo está bien en el niño, que se despierta de una pesadilla inducida por los medicamentos y tiene convulsiones en la cama del hospital; un chico dulce que nunca ha hecho daño a nadie y que ahora, desde su ofuscamiento anestésico, mira con los ojos de un animal salvaje, golpea a la enfermera y grita: «¿Estoy vivo?», y me obliga a retenerle los brazos... me mira fijamente a los ojos y no sabe quién soy.

Llevan al chico a casa, pero el miedo continúa. Se despierta a ratos... «solo para intentar vomitar, y yo [el padre] me vuelvo loco intentando ser útil, y recurro a lo que se suele hacer en los suburbios de las ciudades de Estados Unidos; le compro un juguete para sentirme mejor».

Millones de padres se sienten impotentes y son incapaces de comprender los dramáticos (o sutiles) cambios que experimenta la conducta de sus hijos después de una gran variedad de incidentes traumáticos. En la cuarta parte abordaremos la prevención de estas reacciones tanto en adultos como en niños.

5

Curación y comunidad

En un sentido real, toda vida está interrelacionada. Todos los hombres están atrapados en una red inevitable
de reciprocidad, vinculados a un destino único. Lo que
afecta directamente a uno afecta indirectamente a todos.
Yo nunca podré ser lo que debería ser hasta que tú seas
lo que deberías ser, y tú nunca podrás ser lo que deberías
ser hasta que yo sea lo que debería ser. Esta es la estructura interrelacionada de la realidad.

Rev. MARTIN LUTHER KING, júnior

MÉTODOS CHAMÁNICOS DE CURACIÓN

A lo largo de la historia oral y escrita, la tarea del chamán, o sanador
de la tribu, ha sido ayudar a restaurar el equilibrio y la salud en individuos o comunidades en las que se han visto perturbados. En contraste con la medicina occidental, que ha tardado su tiempo en reconocer
el impacto debilitante del trauma, las culturas chamánicas han admi-
tido este tipo de heridas desde hace mucho tiempo. Las culturas chamánicas consideran la enfermedad y el trauma como un problema
para toda la comunidad, no solo para el individuo o individuos que

manifiestan los síntomas. En consecuencia, los individuos pertenecientes a estas sociedades buscan la curación tanto por sí mismos como por el bien de todos. Este enfoque tiene una aplicación especial en la transformación del trauma en nuestra sociedad actual. Aunque este respaldo no pretende sugerir que todos busquemos ayuda chamánica para curar el trauma, podemos adquirir una comprensión valiosa si estudiamos de qué forma afrontan los chamanes las reacciones traumáticas.

Los métodos que han utilizado los curanderos a lo largo de las diversas épocas han sido variados y complejos. Sin embargo, estos diversos rituales y creencias comparten una comprensión común del trauma. Cuando las personas se ven superadas por un acontecimiento, es posible que su «alma» se separe de su cuerpo. Según Mircea Eliade,* un importante investigador de la práctica chamánica, la «violación del alma» es, de lejos, la causa de enfermedad más generalizada y perniciosa citada por los sanadores chamánicos. Al extraviarse una parte importante de su alma, la persona se pierde en un estado de suspensión espiritual. Desde el punto de vista chamánico, la enfermedad es el resultado de quedar atrapados en un «limbo espiritual».

Desde los tiempos anteriores a la civilización, los sanadores chamánicos de muchas culturas han logrado orquestar con éxito las condiciones que fomentan el regreso del «alma perdida» al lugar que le corresponde en el cuerpo. Mediante vistosos rituales, estos sanadores supuestamente «primitivos» catalizan poderosas fuerzas de sanación innatas en sus pacientes. El ambiente de apoyo de la comunidad, reforzado por el canto, la danza, el sonido de los tambores y los estados de trance, crea las condiciones externas en las que tiene lugar la curación. A menudo, estos procedimientos continúan durante días y pueden implicar el uso de sustancias obtenidas de plantas y otros catalizadores farmacológicos. Curiosamente, aunque las ceremonias varían, el

---

* *Shamanism*, Princeton University Press, 2.ª edición, 1974 (trad. cast.: *El chamanismo y las técnicas arcaicas del éxtasis*, Madrid, Fondo de Cultura Económica, 2001).

beneficiario de la curación casi siempre tiembla y sufre convulsiones cuando el acontecimiento está cerca de concluir. Es el mismo fenómeno que se observa en todos los animales cuando liberan la energía acumulada. Le ocurrió a Nancy en mi consulta aquel día, hace más de veinticinco años.

Aunque vivimos en culturas muy alejadas de estos pueblos primitivos, los supervivientes del trauma actuales suelen recurrir a un lenguaje similar para describir sus experiencias. «Mi padre me robó el alma cuando practicó sexo conmigo» es una descripción típica de la devastadora pérdida experimentada por individuos que han sufrido abusos sexuales durante la infancia. Cuando la gente comparte cómo se sienten después de operaciones y tratamientos médicos también transmiten esta sensación de pérdida y desconexión. He oído a muchas mujeres decir: «El examen pélvico fue como una violación de mi cuerpo y de mi espíritu». Meses o años después de una cirugía realizada con anestesia general, la gente suele sentirse desencarnada. Estos mismos resultados pueden darse después de accidentes y caídas aparentemente insignificantes, e incluso después de un abandono o de una importante traición. Aunque carecemos de lenguaje para expresarlo, muchos de nosotros percibimos las heridas traumáticas en un nivel espiritual. En una conmovedora entrevista con Oprah Winfrey, Rod Steiger describe la depresión que arrastra desde hace décadas, desde que se sometió a una cirugía: «Empecé a hundirme lentamente en una niebla grasienta, amarilla y viscosa que impregnaba mi cuerpo... mi corazón, mi espíritu y mi alma... Se apoderó de mí y me robó la vida».

En la medicina chamánica, como la enfermedad se atribuye a la pérdida, al robo o a cualquier trastorno del alma, los procedimientos intentan atraparla u «obligarla a volver a su lugar en el cuerpo del paciente». Solo el chamán, según Eliade, «ve» los espíritus y sabe cómo exorcizarlos. «Solo él reconoce que el alma ha escapado y solo él es capaz de alcanzarla en el éxtasis y devolverla al cuerpo.» En casi todos los «rescates de almas» descritos por Eliade, los chamanes curan a sus pacientes intercediendo en el reino espiritual. Describe a un chamán *toleut* que llama al alma de un niño enfermo: «¡Regresa a tu país; a tu pueblo... a tu yurta, junto al fuego brillante!... Vuelve con tu padre... con tu madre».*

Un parámetro crucial en la curación del trauma se refleja en esta sencilla poesía. El apoyo benevolente de amigos, conocidos, familiares o miembros de la tribu es necesario para persuadir al espíritu de que regrese al cuerpo traumatizado. A menudo, este acontecimiento es ritualizado y experimentado como una celebración grupal. El chamanismo reconoce que una profunda interconexión, el apoyo y la cohesión social son requisitos necesarios para curar el trauma. Cada uno de nosotros debe asumir la responsabilidad de curar sus propias heridas traumáticas. Debemos hacerlo por nosotros mismos, por nuestras familias y por la sociedad en su conjunto. A través de este reconocimiento de nuestra necesidad de entablar vínculos con los demás, debemos conseguir el apoyo de nuestras comunidades en este proceso de recuperación.

En la actualidad, los médicos y profesionales de la salud mental no hablan de recuperar las almas, pero afrontan una tarea similar: devolver la integridad a un organismo que se ha visto fragmentado por el trauma. Los conceptos y rituales chamánicos abordan el trauma uniendo el cuerpo y el alma perdida en presencia de la comunidad. Este método le resulta extraño a la mente tecnológica. Sin embargo, estos procedimientos parecen triunfar allí donde fracasan los tratamientos occidentales tradicionales. Mi conclusión al respecto es que hay aspectos significativos de la práctica chamánica que resultan válidos. En lo que respecta al trauma, tenemos mucho que aprender de la forma en que estos pueblos tradicionales practican su medicina. Tras el terremoto de 1994 en Los Ángeles, las familias (a menudo procedentes de países del Tercer Mundo) que acamparon, comieron y jugaron juntas se recuperaron antes que muchas familias de clase media. Quienes permanecieron aislados —viendo obsesivamente la repetición de las imágenes del desastre, escuchando entrevistas de geólogos

* *Ibid.*

que afirmaban que «el gran terremoto aún está por llegar»— fueron mucho más susceptibles a los efectos traumáticos que quienes se apoyaban mutuamente en el seno de una comunidad.

Algunos de mis colegas de Los Ángeles me dijeron que las carpas ornamentales (grandes carpas doradas) que vivían en los estanques de sus jardines formaron grupos compactos horas antes del terremoto. Permanecieron así horas después del suceso. Nancy Harvey, etóloga asesora del Parque de Vida Salvaje de San Diego, me contó una historia parecida. Le pregunté a Nancy si los animales mostraban síntomas de trauma después del agresivo incendio del sur de California, que llegó justo hasta el límite del hábitat de los antílopes. Me dijo que no, y describió una curiosa conducta: los impalas y otras poblaciones de antílopes formaron grupos a gran distancia de las cercas y permanecieron juntos hasta la extinción del fuego.

Somatic Experiencing

Aunque admito la validez del enfoque chamánico y estoy agradecido por lo que he aprendido al trabajar y dar clases con chamanes de diferentes culturas, el método de Somatic Experiencing que presentamos en este libro no es chamánico. Creo que una diferencia importante es que cada uno de nosotros posee una mayor capacidad para curarnos a nosotros mismos de lo que sugiere el enfoque chamánico. Podemos hacer mucho para recuperar nuestra alma. Con el apoyo de amigos y familiares, obtenemos un poderoso recurso para nuestro viaje de sanación.

Esta parte incluye ejercicios diseñados para ayudarte a curar tu trauma y los traumas de los demás. Obviamente, será beneficioso contar con un profesional especializado para guiarte en el proceso, en especial si el trauma tuvo lugar a una temprana edad, o si has sido víctima de abusos o traiciones. Sin embargo, incluso sin la ayuda de un profesional, estos ejercicios pueden resultar muy provechosos si se practican en soledad, por parejas o en grupo. Hay que tener presente que la negación puede ser una fuerza importante. Una advertencia: estos ejercicios pueden activar los síntomas traumáticos. Si te sientes abrumado o considerablemente estancado, por favor, busca ayuda profesional.

En el método chamánico, el curandero o curandera pide al espíritu que regrese al cuerpo. En Somatic Experiencing, eres tú mismo el que inicia la curación, reintegrando partes perdidas o fragmentadas de tu yo esencial. Para llevar a buen término esta tarea, necesitas tener el fuerte deseo de volver a recuperar tu integridad. Este deseo te servirá de ancla para que tu alma vuelva a conectar con tu cuerpo. La curación tendrá lugar cuando elementos congelados de tu experiencia pasada (en forma de síntomas) se liberen de las tareas que contribuyen al trauma, lo que permitirá una descongelación gradual. Al descongelarte, tendrás la posibilidad de vivir de forma más fluida y funcional.

RECONOCER LA NECESIDAD DE SANAR

Las culturas que recurren a rituales y a chamanes para curar los traumas pueden parecer primitivas y supersticiosas, pero gozan de una importante ventaja: afrontan directamente el problema. Estas culturas reconocen abiertamente la necesidad de sanar cuando un miembro de su comunidad se ha visto superado por alguna circunstancia. La mayor parte de las culturas modernas, incluida la nuestra, son víctimas de la actitud dominante que equipara la fuerza a la resistencia; que cree que en cierto modo es heroico seguir adelante a pesar de la gravedad de nuestros síntomas. La mayoría de nosotros acepta este imperativo social sin cuestionarlo. Gracias al poder del neocórtex, a nuestra capacidad de racionalizar, es posible dar la impresión de que hemos atravesado un episodio amenazador, incluso una guerra, «sin un arañazo»; y eso es exactamente lo que hacemos muchos. Seguimos adelante con «cara de póker», lo que despierta la admiración de los demás: somos héroes, y nada parece inmutarnos.

Al animarnos a ser sobrehumanos, estas costumbres sociales son muy injustas con el individuo y la sociedad. Si intentamos seguir adelante con nuestra vida, sin rendirnos primero a los benévolos impulsos que nos guiarán a través de esas experiencias devastadoras, nuestra demostración de fuerza no será más que una ilusión. Mientras tanto, los efectos traumáticos se harán más severos, se atrincherarán y se tornarán crónicos. Las respuestas incompletas que ahora están congeladas en nuestro sistema nervioso son como indestructibles bombas de relojería, programadas para estallar al ser activadas por la fuerza. Hasta que los seres humanos encuentren las herramientas apropiadas y el apoyo necesario para desmantelar esta fuerza, sufriremos voladuras inexplicables. El verdadero heroísmo reside en tener el valor de reconocer abiertamente nuestras propias experiencias, no en negarlas o suprimirlas.

EMPECEMOS: PEDIR AL ESPÍRITU QUE RETORNE AL CUERPO

La desconexión entre el cuerpo y el alma es uno de los efectos más importantes del trauma. La pérdida de sensaciones en la piel es una manifestación física habitual de la insensibilización y desconexión que la gente experimenta después de un trauma. Para empezar a recuperar las sensaciones, el siguiente ejercicio de toma de conciencia nos resultará útil en el proceso de superación. El costo inicial de un cabezal de regadera a presión, de entre 12 y 40 dólares, es una inversión que vale la pena.

Ejercicio

Cada día, durante aproximadamente diez minutos, date un suave baño a presión siguiendo estas instrucciones: expón todo tu cuerpo al agua a presión, a una temperatura fría o ligeramente templada. Dirige toda tu atención a la región de tu cuerpo en la que se concentra la estimulación rítmica. Deja que tu conciencia fluya por todo tu cuerpo a medida que te mueves bajo el cabezal de la regadera. Sitúa el dorso de las manos bajo el cabezal; luego, las palmas y las muñecas; a continuación, las dos mejillas de la cara, los hombros, las axilas, etc. Asegúrate de incluir todas las partes de tu cuerpo: cabeza, frente, cuello, pecho, espalda, piernas, pelvis, caderas, pantorrillas, tobillos y pies. Presta atención a la sensación en cada zona, aunque esta resulte neutra, confusa o dolorosa. Mientras te concentras en esta actividad, debes decir: «Esta es mi cabeza, mi cuello...», etc. «Les doy la bienvenida.»

Otro despertar similar consiste en propinarse suaves y vigorosas palmadas en diferentes partes del cuerpo. Si se practica con regularidad, esto contribuirá a restablecer la sensibilidad en la piel.

Este sencillo ejercicio contribuirá a que el alma regrese al cuerpo. Se trata de un importante primer paso para superar la brecha entre el cuerpo, la mente y el espíritu, que tan a menudo se manifiesta como consecuencia del trauma.

Creo que la carne y la sangre son más sabios que el intelecto. La vida burbujea en este cuerpo inconsciente. Así es como sabemos que estamos vivos, vivos en la profundidad de nuestras almas y en contacto con los confines vívidos del cosmos.

D. H. LAWRENCE

6

En el reflejo del trauma

MEDUSA

En este capítulo empezaremos a explorar un enfoque general para dominar el trauma. Si somos capaces de experimentarnos a nosotros mismos como animales humanos sensitivos, podremos empezar a liberarnos de las garras del trauma y a transformar sus poderosas energías. Sin embargo, no nos enfrentaremos a él directamente, o correremos el riesgo de quedar inmovilizados en sus aterradoras zarpas. Como si de una trampa china para dedos se tratara, hemos de introducirnos con suavidad en el trauma y a continuación salir gradualmente de él.

En el mito de Medusa, cualquiera que la mirara a los ojos era inmediatamente transformado en piedra. Otro tanto ocurre con el trauma. Si intentamos afrontarlo directamente, seguirá haciendo lo que siempre ha hecho: dejarnos inmovilizados por el miedo. Antes de que Perseo se dispusiera a vencer a Medusa, Atenea le advirtió de que no mirara directamente a la gorgona. Siguiendo el consejo de la diosa, utilizó su escudo para reflejar la imagen de Medusa; así fue capaz de decapitar al monstruo. Del mismo modo, la solución para derrotar al trauma no consiste en confrontarlo directamente, sino en trabajar con su reflejo, que se manifiesta en nuestras respuestas instintivas.

El trauma es tan apabullante que las personas traumatizadas se centran compulsivamente en él. Por desgracia, la situación que una vez los venció, volverá a derrotarlos una y otra vez. Las sensaciones corporales pueden servir como guía para reflejar dónde experimentamos el trauma, y mostrarnos el camino a nuestros recursos instintivos. Estos recursos nos brindan la capacidad de defendernos de los predadores y de otras fuerzas hostiles. Todos poseemos estos recursos instintivos. En cuanto descubramos cómo acceder a ellos podremos fabricar nuestro propio escudo para reflejar y curar nuestros traumas.

En los sueños, la mitología y la sabiduría popular, el caballo es un símbolo universal del cuerpo humano y de su naturaleza instintiva. Curiosamente, cuando Medusa fue asesinada, de su cuerpo emergieron dos seres: Pegaso, el caballo alado, y Crisaor, un guerrero con una espada dorada. No podríamos encontrar una metáfora más apropiada. La espada simboliza la verdad absoluta, el arma defensiva fundamental del héroe mítico. Transmite una sensación de lucidez y triunfo, la capacidad de enfrentarse a retos extraordinarios, una inventiva ilimitada. El caballo simboliza los fundamentos instintivos, y las alas crean una imagen de movimiento, elevación y ascensión por encima de la existencia terrenal. Dado que el caballo representa el instinto y el cuerpo, el caballo alado alude a la transformación a través de la encarnación. El caballo alado y la espada dorada son símbolos auspiciosos de los recursos que descubren las personas traumatizadas al vencer a sus propias Medusas.

Al empezar el proceso de curación, utilizamos lo que se conoce como «percepción sensible» o sensaciones corporales internas. Estas sensaciones son un portal a través del cual encontramos los síntomas o reflejos del trauma. Al dirigir nuestra atención a estas sensaciones corporales internas, en lugar de atacar directamente al trauma, podremos desatar y liberar las energías que han sido retenidas.

LA PERCEPCIÓN SENSIBLE

> Nuestras emociones y nuestros cuerpos son como agua
> que fluye en el agua. Aprendemos a nadar en el seno de
> las energías de los sentidos (del cuerpo).
>
> TARTHANG TULKU

Así como Perseo recurrió a su escudo para enfrentarse a Medusa, muchas personas traumatizadas utilizan el equivalente sensitivo del escudo, o «percepción sensible», para dominar el trauma. La percepción sensible comprende la lucidez, el poder instintivo y la fluidez necesaria para transformar el trauma.

Según Eugene Gendlin, que acuñó el término «percepción sensible» en su libro *Focusing*:*

> Una percepción sensible no es una experiencia mental sino física.
> Física. La conciencia corporal de una situación, persona o acontecimiento. Un aura interna que abarca todo lo que sentimos y sabemos sobre un tema determinado en un momento concreto: lo abarca y lo comunica todo en su totalidad, y no detalle a detalle.

La percepción sensible es un concepto difícil de definir con palabras, porque el lenguaje es una experiencia lineal y la percepción sensible no lo es. Por lo tanto, en el intento de articular esta experiencia se pierden capas de sentido.

Definimos «organismo» como una estructura compleja de elementos subordinados e interdependientes cuya relación y propiedades vienen en gran medida determinadas por su función en el todo. Por lo tanto, el organismo en su conjunto es superior a la suma de sus partes. De un modo análogo, la percepción sensible une muchos datos

---

* *Focusing*, Bantam Books, 1981. (trad. cast.: *Focusing: proceso y técnica del enfoque corporal*, Bilbao, Mensajero S. A., 2002).

dispersos y les da sentido. Por ejemplo, cuando vemos una imagen hermosa en televisión, lo que en realidad percibimos es un vasto mosaico de puntos digitalizados, conocidos como píxeles. Si nos concentráramos en los elementos individuales (píxeles), solo veríamos puntos en vez de esa imagen hermosa. Del mismo modo, al escuchar nuestra melodía favorita, no nos centramos en las notas individuales, sino más bien en la experiencia auditiva completa.

Podría decirse que la percepción sensible es el medio a través del que experimentamos la totalidad de la sensación. En el proceso de curación del trauma nos centramos en las sensaciones individuales (como los píxeles de la televisión o las notas de la melodía). Al ser observadas tanto desde cerca como de lejos, estas sensaciones se experimentan simultáneamente como un fondo y como un primer plano, creando así una Gestalt o integración de la experiencia.

Todo acontecimiento puede ser experimentado en su dualidad, en sus partes individuales, o como un todo unificado. Aquellos acontecimientos que percibimos de forma unificada a través de la percepción sensible nos aportan revelaciones sobre cómo deshacer el trauma. Para sacar partido a los instintos necesarios para sanar el trauma, debemos ser capaces de identificar y utilizar los indicadores del trauma que la percepción sensible ha puesto a nuestro alcance.

Ejercicio

A continuación, planteamos un ejercicio que nos aportará una comprensión experiencial básica de la percepción sensible. Dondequiera que estés mientras lees estas líneas, busca una postura cómoda.

Percibe el modo en que tu cuerpo entra en contacto con la superficie que te sostiene.

Concéntrate en tu piel y percibe las sensaciones del roce de tu ropa.

Siente bajo tu piel: ¿qué sensaciones encuentras?

Ahora, mientras recuerdas amablemente estas sensaciones, ¿cómo sabes que estás cómodo? ¿Qué sensaciones físicas contribuyen al estado general de comodidad?

Ser consciente de estas sensaciones, ¿te hace sentir más o menos cómodo? ¿Cambian con el tiempo?

Permanece sentado unos instantes y disfruta de la percepción sensible derivada de ese estado de comodidad.

¡Perfecto!

Ser consciente de tu cuerpo y de tus sensaciones hace más intensa cualquier experiencia. Es importante reconocer que la experiencia de comodidad procede de la percepción sensible de la comodidad y no de la silla, el sofá o la superficie en la que te hayas sentado. Como se descubre en una visita a cualquier tienda de muebles, no podemos saber si una silla es cómoda hasta que nos sentamos en ella y procesamos la sensación corporal que produce esta acción.

La percepción sensible combina la mayor parte de la información que conforma nuestra experiencia. Aun cuando no somos conscientes de ello, la percepción sensible nos dice dónde estamos y cómo nos sentimos en un momento determinado. Expresa la experiencia global del organismo en lugar de interpretar lo que sucede desde el punto de vista de las partes individuales. Tal vez la mejor manera de describir la percepción sensible consista en decir que es la experiencia de estar en un cuerpo vivo que comprende los matices de su entorno por medio de sus respuestas a ese mismo entorno.

En muchos aspectos, la percepción sensible es como un arroyo que discurre por un paisaje que cambia constantemente. Altera su carácter en consonancia con su entorno. Cuando la tierra es escarpada y ardua, el arroyo avanza con vigor y energía, arremolinándose y borboteando al estrellarse contra rocas y escombros. En las llanuras, fluye tan lentamente que nos preguntamos si realmente está avanzando. Las lluvias y el deshielo de primavera aumentan rápidamente su caudal y llegan a inundar las tierras cercanas. Del mismo modo, en cuanto la escena ha sido interpretada y definida por la percepción sensible, nos sumiremos en cualquier condición con la que nos encontremos. Esta extraordinaria percepción abarca tanto el contenido como el clima de nuestro entorno interno y externo. Al igual que el arroyo, se moldea a sí mismo para adaptarse a su contexto.

Los sentidos físicos (externos) de la vista, el oído, el olfato, el tacto y el gusto son elementos que solo aportan una parte de la información que sienta las bases de la percepción sensible. Otros datos importantes derivan de la conciencia interna del cuerpo (la posición que adopta, las tensiones que padece, sus movimientos, su temperatura, etc.). Podemos influir en la percepción sensible (e incluso podemos cambiarla con el pensamiento), pero no es un pensamiento, sino algo que sentimos. Las emociones contribuyen a la percepción sensible, pero desempeñan un papel menos relevante de lo que la mayoría de la gente supone. Las emociones «categóricas» como la pena, la ira, el miedo, el asco y la alegría son intensas y directas. Existe una variedad limitada de este tipo de emociones y es fácil reconocerlas y nombrarlas. No ocurre lo mismo con la percepción sensible.

La percepción sensible abarca una compleja serie de matices que cambian constantemente. Los sentimientos que experimentamos son, por lo general, mucho más sutiles, complejos e intrincados de lo que el lenguaje puede expresar. Al leer las siguientes frases, imagina hasta qué punto puedes sentir mucho más de lo que se puede expresar con palabras: contemplar la cima de una montaña bañada en luz alpina; observar un cielo azul de verano sembrado de suaves nubes blancas; ir a un partido y mancharte la camisa de mostaza; sentir el agua del océano cuando el oleaje se estrella contra las rocas y acantilados; tocar una rosa abierta o una hoja de árbol cubierta de rocío; escuchar un concierto de Brahms; observar a un grupo de niños hermosamente vestidos mientras cantan canciones folclóricas y étnicas; pasear por un sendero campestre; o pasar un buen rato con un amigo. Podemos imaginarnos un día sin emociones, pero vivir sin que exista la percepción sensible no solo es impensable, sino que es imposible. Vivir sin percepción sensible contradice la experiencia básica de estar vivos.

A veces, la percepción sensible es vaga, aunque siempre es compleja y cambiante. Se mueve, muta y se transforma constantemente. Puede variar en intensidad y claridad, y nos permite cambiar nuestras percepciones. Esto es así porque nos aporta no solo el proceso, sino todo lo que necesitamos para el cambio. Gracias a la percepción sensible somos capaces de avanzar, adquirir nueva información, relacionarnos con los demás y, en última instancia, saber quiénes somos. Es tan fundamental para nuestra experiencia de ser humanos que la damos por sentada, a veces hasta el punto de que ni siquiera advertimos que existe hasta que deliberadamente le prestamos atención.

Aunque soy mucho más consciente de mis propias sensaciones corporales, creo que necesito un proceso para avanzar hacia la percepción sensible, tal como veremos en el siguiente relato de un día típico en la vida de Peter.

Vuelvo a casa después de un ajetreado día haciendo gestiones en la ciudad e inmediatamente busco el control de la televisión. Antes de oprimir el botón me recuerdo a mí mismo que debo detener esta distracción habitual y mirar en mi interior. Al principio soy consciente de que mis pensamientos están desatados. Son como un enjambre de moscas. Dejo que esta situación desagradable penetre en mi conciencia. El zumbido se intensifica y mi conciencia se desplaza hacia la tensión que atraviesa mi cuerpo, en especial en el pecho. Poco después, empiezo a advertir las zonas en las que se acumula el dolor y las molestias; parecen desplazarse por todo mi cuerpo. Me doy cuenta de que mis pensamientos se ralentizan un poco mientras respiro hondo y ampliamente. Percibo algunas imágenes fugaces de los acontecimientos del día. Pasa el tiempo y experimento un dolor incipiente en la parte posterior de la cabeza. Me siento inquieto; el temblor se apodera de brazos y piernas. Pienso en incorporarme y ocuparme en algo. Si embargo, permanezco sentado. Poco después soy consciente de que mi cabeza pretende inclinarse hacia delante. Se transforma en un movimiento rítmico, suave y fluctuante. Percibo el calor en las manos y, a medida que se manifiesta un suave hormigueo en ellas, descubro lo frías que han debido de estar. Percibo un ligero calor en el vientre, y presto atención a medida que se intensifica y se extiende. El teléfono empieza a sonar en una rápida secuencia; me siento confuso e irritado. En mis brazos persiste una sensación inquietante que se disipa cuando oigo a un pájaro cantando en el exterior. Lo siguiente que llega a mi conciencia es la imagen de un viejo amigo. Experimento una sensación agradable al reconocerlo. Noto en mi pecho una sensación de apertura. Percibo su naturaleza plena y acogedora. Experimento la «imagen sensible» de mi amigo en el seno de esa apertura. Pienso en la palabra «alegría» y siento un flujo sereno, suave y pulsante en brazos y piernas mientras la alegría me inunda (en otras palabras, brota en mí la percepción sensible de la alegría).

Deja que el cuerpo diga lo que piensa

Hay muchas razones por las que decantarnos por el cultivo de la percepción sensible. Refuerza el placer de las experiencias sensuales. Nos invita a cruzar el umbral de ciertos estados espirituales. Algunos estudios (citados por Gendlin en *Focusing*) han demostrado que las terapias que utilizan la percepción sensible suelen ser más eficaces que aquellas que ignoran este planteamiento. La percepción sensible ayuda a la gente a sentirse más natural, más arraigada, más a gusto en su propio cuerpo. Puede mejorar nuestro equilibrio y coordinación. Mejora la memoria y nos ofrece un acceso más profundo a los sutiles impulsos instintivos que nos guían en la curación del trauma. Fomenta la creatividad. Gracias a la percepción sensible experimentamos bienestar, paz y unión. Es así como experimentamos el «yo».

Hoy en día se utiliza con frecuencia la expresión «confía en tu instinto». La percepción sensible es el medio a través del cual aprenderás a escuchar esta voz instintiva. La mayoría de nosotros carecemos de la experiencia suficiente como para guiarnos hacia esta conciencia. Estamos acostumbrados a vivir en la desconexión, una forma de vida en la que no tiene cabida la percepción sensible. Si eres una de estas personas, conocer la percepción sensible probablemente te resultará extraño. No te desanimes. Al principio es difícil, pero debes perseverar; todo llegará. La cultura occidental no nos enseña a experimentarnos a nosotros mismos de este modo. Nos enseñan a leer, escribir, calcular, etc., pero rara vez encontramos una escuela que nos transmita algún saber relacionado con la percepción sensible. A esta percepción nunca se le menciona en casa, en la calle, ni en ningún otro lugar, a fin de cuentas. La mayoría de las personas la utilizan a diario, pero pocas lo reconocen conscientemente, y son aún menos quienes la cultivan. Es importante recordar que la percepción sensible es una capacidad humana maravillosa y muy natural.

Los que sufrimos un trauma deberíamos ser conscientes de que aprender a trabajar con la percepción sensible puede resultar un desafío. Parte de la dinámica del trauma consiste en separarnos de nuestra experiencia interior a fin de proteger nuestro organismo de sensaciones y emociones que podrían resultar insoportables. Tal vez te lleve un tiempo confiar lo suficiente como para permitirte sentir cómo aflora la experiencia interna. Sé paciente y recuerda que no tienes por qué experimentarlo todo ahora. El viaje del héroe va pasito a pasito.

UTILIZAR LA PERCEPCIÓN SENSIBLE PARA ESCUCHAR AL ORGANISMO

Queremos empezar a sacar partido a nuestra voz instintiva. El primer paso es aprender a utilizar la percepción sensible para escuchar esa voz. El atributo más útil en este viaje es la amabilidad. Contactar con tu yo instintivo no es una cuestión menor. Jamás intentes forzarlo. Tómatelo con calma, ve poco a poco. Si en algún momento te sientes abrumado, es probable que te hayas excedido. La próxima vez que tomes esa curva, reduce la velocidad. Ciertamente, en esta ocasión llegarás antes si vas más despacio. A veces, la percepción sensible aparece lentamente; en otras ocasiones te sacudirá un relámpago de comprensión y todo te resultará evidente en un instante. Lo mejor es mantener una actitud abierta y curiosa.

No intentes interpretar, analizar o explicar lo que está sucediendo; limítate a experimentarlo y tomar nota. Tampoco es necesario rastrear en busca de recuerdos, emociones, intuiciones o cualquier otra cosa. No hay ningún problema si aparecen, pero es más importante observarlos sin interpretación ni apego emocional; obsérvalos y déjalos ir. «Tómalo tal como viene» es la mejor manera de aprender el lenguaje de la percepción sensible. La información se manifestará en palabras, imágenes, intuiciones y emociones que invariablemente vendrán acompañadas de otra capa de sensaciones. Estas sensaciones pueden ser elusivas y, sin embargo, reconocibles cuando aprendemos a prestar atención a un nivel muy sutil.

Aprender a conocernos a través de la percepción sensible es el primer paso para curar el trauma. Antes he descrito esta percepción como un arroyo. En cuanto desarrolles la capacidad de prestar atención a la percepción sensible, descubrirás que se trata de una analogía muy apropiada. Las reacciones y respuestas a las personas, los objetos y las situaciones que te encuentras en tu camino empiezan a deslizarse por tu conciencia como un arroyo que cambia constantemente. El siguiente ejercicio es una versión más profunda del ejercicio anterior, en el que utilizábamos la percepción sensible. Te ayudará a comprender cómo es este «arroyo». También te ayudará a desarrollar la capacidad de escuchar lo que el organismo, entendido como un todo, tiene que decir.

Ejercicio

Para realizar este ejercicio necesitarás un libro o una revista con muchas fotografías. Son idóneos los libros que solemos tener en las mesitas auxiliares, las revistas de viajes o naturaleza, y los calendarios ilustrados. En este ejercicio bastará con observar esas imágenes. Cuando leemos, utilizamos una región del cerebro distinta a la que usamos para sentir. En este ejercicio pretendemos enfatizar la percepción directa.

Antes de abrir el libro, concéntrate en tus brazos y piernas y percibe las sensaciones que te procura el contacto con la superficie que te sostiene. A continuación, añade cualquier otra sensación física que experimentes, como el contacto con la ropa, los zapatos o el cabello. Por último, añade cualquier otra sensación que puedas sentir, como tensión, apertura, calor, hormigueo, temblor, hambre, sed, etc. Regresa a la percepción sensible a lo largo del ejercicio para tener una conciencia más completa de tu cuerpo y de tu respiración.

Observa la primera imagen. Fíjate en cómo respondes a ella. ¿Te gusta, te resulta indiferente o te disgusta? ¿Es hermosa, tranquilizadora, extraña, misteriosa, inquietante, alegre, triste, artística, u otra cosa? Independientemente de cuál sea la respuesta, toma nota de ella. Si tu respuesta incluye varias cosas, sé consciente de todas. Esto es normal. Rara vez manifestamos una única reacción.

Ahora pregúntate: ¿cómo sé que esta es mi respuesta a la imagen? Intenta identificar las sensaciones corporales que acompañan a la observación de la fotografía. Algunas de las sensaciones pueden ser sutiles, y otras más intensas. Sean como sean, toma nota de ellas. ¿Sientes cómo la «energía» se desplaza o se detiene de repente? Si la percibes en movimiento, ¿es lenta o rápida? ¿En qué dirección va? ¿Hay algún tipo de ritmo en la sensación? ¿Se localiza en algún lugar específico del cuerpo? ¿Percibes que tu cuerpo está tenso, flácido, laxo, relajado, entumecido, pesado, ligero, frío, denso, cálido, tonificado o alguna otra cosa? Presta atención a tu respiración y al ritmo de tu corazón. Percibe las sensaciones de tu piel y el estado general de tu cuerpo. Experimentar cualquiera de estas sensaciones es un punto de partida.

Quédate con esas sensaciones durante unos minutos y descubre si cambian. Pueden permanecer idénticas, desaparecer, intensificarse o debilitarse, cambiar o alguna otra cosa. Sé consciente de esta dinámica. Independientemente de lo que pase, sé consciente de ello. Si las sensaciones te resultan incómodas, aleja tu atención por un momento.

Céntrate en la siguiente imagen y repite el proceso. En cuanto te familiarices más con este ejercicio, avanzarás en el libro o la revista a una velocidad que te resulte cómoda. Mientras aprendes a utilizar por primera vez la percepción sensible, te resultará más fácil acceder a la misma si avanzas lentamente y te concentras ante todo en las sensaciones que experimentas.

Más tarde introduciré ejercicios que trabajan específicamente con las sensaciones físicas y emocionales relacionadas con el trauma. Dado que ciertas emociones se mezclan con los síntomas traumáticos, es necesario aprender a explorarlas. Por otra parte, como las emociones pueden ser intensas, imperativas, dramáticas y misteriosas, suponen un desafío especial a la hora de trabajar con la percepción sensible. A la mayoría de la gente, las emociones le parecen un objeto de estudio más interesante que las meras sensaciones. Sin embargo, si queremos aprender a utilizar la percepción sensible, y especialmente si queremos aplicarla a la resolución de traumas, debemos aprender a reconocer las manifestaciones fisiológicas (sensaciones) que subyacen a nuestras reacciones emocionales. Las sensaciones derivan de los síntomas, y los síntomas, de las energías condensadas; en este proceso hemos de trabajar con esas energías. Por medio de la sensación y la percepción sensible, esta gran energía puede ser gradualmente descomprimida y aprovechada para el propósito de transformar el trauma.

Recuerda, una vez más, que has de actuar con amabilidad, avanzando despacio y tranquilo, y sin añadir ningún tipo de interpretación o juicio a lo que experimentas. Deja sencillamente que la experiencia presente te conduzca a la siguiente. Aunque el ejercicio te resulte familiar, procura abordarlo con frescura, como si nunca antes hubieras hecho algo parecido; así te resultará más provechoso.

Ejercicio

En lugar de un libro o revista, en este ejercicio utilizarás fotografías y recuerdos. Un álbum de fotos familiar o un álbum de recortes que contenga recuerdos de un viaje resultarán perfectos. Las fotografías deben ser de personas a las que conozcas bien o de lugares que hayas visitado. Una vez más, lo único que tienes que hacer en este ejercicio es observar las imágenes.

Empieza tomando conciencia de brazos y piernas, y descubre lo que sienten tus extremidades al entrar en contacto con la superficie en que te apoyas. Añade cualquier otra sensación física que estés experimentando. Hacer esto de vez en cuando durante el ejercicio te ayudará a anclar la conciencia más firmemente en tu cuerpo.

Céntrate en la primera imagen (o en la primera página si se trata de un álbum de recortes). Toma conciencia de cómo respondes a ella. ¿Qué emociones evoca? ¿Te sientes feliz, divertido, miedoso, vagamente molesto, confuso, triste, irritado, cariñoso, agradecido, avergonzado, iracundo, disgustado, simplemente nostálgico o algo más? Todas estas emociones crean sensaciones diferentes. Todas se experimentan de forma distinta. Al margen de cuál sea tu reacción, toma nota de ella. Si se producen varias reacciones, toma conciencia de todas. ¿Tu reacción es fuerte o leve? ¿Cómo lo sabes? Si puedes responder a esta pregunta en términos de sensaciones corporales, estás en el buen camino para ser capaz de utilizar la corriente subterránea fisiológica de las emociones.

Ahora, pregúntate: ¿cómo sé que esta es mi reacción emocional a esta imagen? Intenta identificar las sensaciones que subyacen a tu reacción a la imagen. Algunas de las sensaciones pueden ser intensas y otras, más sutiles. Al margen de su naturaleza, toma nota de ellas. ¿Sientes algún tipo de tensión o energía? Si es así, ¿cuál es su intensidad y dónde se concentra? Presta atención a tu respiración, a tu ritmo cardiaco y a los patrones de tensión que se manifiestan en todo tu cuerpo. Toma conciencia de lo que siente tu piel. ¿Cómo se siente tu cuerpo en su conjunto? ¿Tu reacción te parece tensa, poderosa, confusa, fluida, abrupta, desordenada, aletargada, ardiente, distendida, complicada, relajada, pesada, ligera, fría, densa, cálida, estimulante, hormigueante, vibrante, temblorosa, resbaladiza, sólida o alguna otra cosa? ¿En qué parte de tu cuerpo se concentra la emoción? Si la sensación es bastante sólida, pregúntate de qué material parece estar hecha. Si la energía se desplaza, ¿cómo lo hace? ¿Es lenta o rápida? ¿En qué dirección avanza? ¿Es una sensación intensa? ¿Dónde se localiza? Sé tan específico como sea posible. ¿Cómo sabes cómo es tu reacción?

Si descubres que estás empleando palabras normalmente atribuidas a emociones, considera cada una de ellas y pregúntate: ¿Cómo sé que siento esa emoción? Dado que las emociones están basadas en conexiones con el pasado, la imagen o el recuerdo podría despertar reminiscencias de otros acontecimientos. Toma conciencia de las sensaciones que se presentan junto a esos recuerdos. Recuérdate a ti mismo que debes sentir y describir lo que percibes como sensaciones, no como emociones o pensamientos.

Pasa a la siguiente imagen y repite el proceso. Recuerda que debes ir lo suficientemente lento como para percibir las sensaciones que surgen en respuesta a las imágenes. Detente unos minutos en las sensaciones evocadas en cada imagen de tu álbum de recortes y descubre si cambian. Tal vez permanezcan igual o desaparezcan, pero también pueden volverse más intensas. Pase lo que pase, toma conciencia de ello.

Si los sentimientos o las sensaciones se tornan demasiado intensos o desagradables, dirige deliberadamente tu atención a una experiencia agradable que hayas tenido o que puedas imaginar. Concentra toda tu atención en las sensaciones corporales derivadas de esa experiencia. Desplazar tu atención a las otras sensaciones ayudará a que disminuya la intensidad de la emoción desagradable. Recuerda que el trauma sin resolver puede ser una poderosa fuerza. Si los ejercicios o el material del libro te siguen perturbando, para ahora e inténtalo más tarde, o busca la ayuda de un profesional calificado.

Si en tu mente aparece la imagen de una escena horrenda, toma conciencia, con delicadeza, de las sensaciones que suscita. A veces, cuando las sensaciones son intensas, las imágenes se manifiestan primero. En última instancia, la sensación es lo que te ayudará a superar el trauma, independientemente de la naturaleza de este último. Tal vez llegues a saber de qué se trata, pero puede que no. Por ahora, que sepas que mientras transitas por tus reacciones, la necesidad de saber si se trataba de algo real o no dejará de ser tan importante. Si existe una necesidad objetiva de saber si es cierto o no (por ejemplo, a fin de proteger a un niño que podría estar en peligro), te encontrarás en una mejor posición para gestionar la situación con eficacia.

Has de ser consciente de que es posible que las energías del trauma vayan ligadas a creencias sobre haber sido objeto de violación o maltrato. Al afrontar estas creencias, especialmente si no son ciertas, parte de esa energía se libera. Si así ocurre en tu caso, descansa y concédete el tiempo necesario para procesar esta nueva información. Quédate con las sensaciones que experimentas tanto como te sea posible, y no te alarmes si te sientes débil o vulnerable. Ambas cosas evidencian que se está produciendo una descarga normal. No te obligues a hacer más de lo que puedes gestionar. Si te sientes cansado, toma una siesta o vete a dormir temprano. Parte de la ventaja del sistema nervioso es que se autorregula constantemente. Lo que no puedas procesar hoy permanecerá en estado latente, para ser procesado cuando te sientas más fuerte, más hábil o mejor predispuesto a hacerlo.

La percepción sensible consta de elementos tanto fisiológicos como psicológicos. En los dos apartados siguientes he esbozado algunas de sus diferencias clave. El primer apartado se centra en cómo el organismo se comunica a través de su fisiología; el segundo, en algunas de las convenciones psicológicas y las costumbres a partir de las que opera el organismo. Idealmente, estas exposiciones te ayudarán a reforzar tu habilidad para utilizar la percepción sensible en el campo de la fisiología y las sensaciones.

Cómo se comunica el organismo

El organismo tiene su propia forma de comunicarse, que llegarás a conocer mejor a medida que avances en la lectura de este libro. Un par de características importantes ya te resultarán evidentes por los ejercicios anteriores. Piensa en el último de ellos. ¿Te has dado cuenta de que al describir las sensaciones, has utilizado palabras que remiten a sensaciones fisiológicas que te resultan conocidas? Si nunca has sentido nada que te parezca confuso, no sabrás lo que es y el organismo no usará el adjetivo «confuso» para describir una sensación. El organismo utiliza lo que ya conoce para describir lo que está experimentando. No te lo tomes literalmente. Una sensación puede parecer confusa, abrupta, hecha de cristal, madera o plástico. Obviamente, «sentirse como» es un aspecto clave de la descripción. En tu interior no hay nada realmente confuso o abrupto. Tampoco tienes en tu interior trozos de madera, plástico o cristal, a menos que te hayas sometido a operaciones quirúrgicas terriblemente ejecutadas. Las sensaciones se parecen a esas cosas. Son metáforas. Sin embargo, las sensaciones también pueden ser literales y que se correspondan con una información recibida por los órganos, los huesos y los músculos.

El organismo no se limita a utilizar características de los objetos físicos para comunicarse. También recurre a imágenes fácilmente interpretadas como recuerdos. Las fuerzas energéticas que desembocan en un trauma son inmensamente poderosas. Entre las emociones producidas por el trauma encontramos la ira, el terror y la impotencia. Si tu cuerpo elige comunicar la presencia de estas energías a través de imágenes, considera el tipo de imágenes que verías. Las posibilidades son infinitas. Solo tendrán una cosa en común: no serán bonitas. Un error muy habitual consiste en interpretar estas comunicaciones visuales como si fueran una realidad. Un individuo traumatizado puede acabar creyendo que fue violado o torturado, cuando el verdadero mensaje que el organismo intenta transmitir es que la sensación que está experimentando «parece» una violación o una tortura. El verdadero culpable podría ser un tratamiento médico aterrador, un accidente de tráfico o incluso un abandono en la infancia. Podría ser, literalmente, cualquier cosa.

Evidentemente, algunas imágenes son recuerdos verdaderos. Las víctimas de violaciones y torturas recurrirán a esas experiencias a la hora de producir imágenes. Es muy común que los niños que han vivido estas atrocidades solo las recuerden años después. Aun en el caso de que las imágenes sean recuerdos «verídicos», hemos de comprender su papel en la curación. Las explicaciones, creencias e interpretaciones asociadas a los recuerdos pueden frenar el acceso y la profundización en la percepción sensible. Las sensaciones que acompañan a estas imágenes son inmensamente valiosas. Para nuestro propósito, lo que más nos importa es cómo sentimos las sensaciones y cómo cambian.

SENSACIÓN Y PERCEPCIÓN SENSIBLE

Al trabajar con aspectos fisiológicos, lo primero que hay que reconocer es que la percepción sensible está íntimamente relacionada con la toma de conciencia. Es como observar el paisaje o, en este caso, como sentir el paisaje. Tomar conciencia implica experimentar lo que está presente sin intentar cambiarlo o interpretarlo. Cada vez que te descubras diciendo o pensando «esto significa que...», estás añadiendo una interpretación a tu experiencia, y eso te alejará de la mera conciencia y te devolverá al reino de la psicología. Si el significado ocupa un lugar en la curación del trauma, es como consecuencia de la toma de conciencia directa. Por ahora, es más importante que te concentres en lo que experimentas y no en lo que piensas al respecto. Más adelante me detendré en la importancia del significado en la curación del trauma.

Las sensaciones son los fenómenos físicos que contribuyen a nuestra experiencia global. Pensemos, por ejemplo, en un cubito de hielo. Algunas de las sensaciones que contribuyen a nuestra forma de sentir el cubito de hielo son: frío, liso, duro y con forma de cubo. Todo esto es importante en la creación de una comprensión completa del cubito de hielo. Lo mismo ocurre con las sensaciones internas. Cuando estás empezando, es especialmente importante comprobar una y otra vez que has trasladado todas las características de una sensación concreta a tu conciencia, y tomar nota de todas ellas. Es posible que se te escapen algunos rasgos de la sensación porque los das por sentados, porque no permites que la plena sensación se aloje en tu conciencia o porque la característica en cuestión es sutil o esquiva.

Un cubito de hielo sacado del congelador puede ser pegajoso, además de frío, duro, liso y con forma de cubo. Pasado un rato, su tacto será húmedo en lugar de pegajoso. «Primero pegajoso y luego húmedo» nos ayuda a completar la imagen del objeto frío, duro, liso y con forma de cubo. Si aplicamos la analogía a una experiencia interna, como ocurre con el cubito de hielo, esta cambiará mientras te concentras en ella durante un rato. En cuanto somos conscientes de las sensaciones internas, estas casi siempre se transforman en otra cosa. Cualquier cambio de este tipo suele avanzar hacia un libre flujo de energía y vitalidad.

RITMO: TODOS LOS HIJOS DE DIOS LO TIENEN

> No puedes empujar al río.
>
> Anónimo

Las sensaciones se manifiestan de muchas maneras. Esta es una de las razones por las que la mera conciencia resulta tan importante. La receptividad te ayudará a percibir más fácilmente los matices de tus sensaciones. En el terreno de la fisiología, los ritmos y las sensaciones sutiles son tan importantes como los más evidentes.

La última característica de la percepción sensible que me gustaría mencionar tiene que ver con la importancia del ritmo. Los fenómenos fisiológicos ocurren cíclicamente. Estos ritmos biológicos son fundamentales en la transformación del trauma. Al principio, tal vez resulte difícil tener la paciencia suficiente como para acogerlos en la conciencia. Su ritmo es mucho más lento que el ritmo al que la mayoría de nosotros vive su vida. Esta es una de las razones por las que surge el trauma; no concedemos a nuestros ritmos biológicos naturales el tiempo que necesitan para llegar a su fin. En la mayoría de los casos, los ciclos a los que me refiero concluirán, como mucho, en pocos minutos, pero esos minutos son esenciales. La manera fundamental de advertir estos ritmos es fijarnos en el flujo y reflujo de nuestras sensaciones. Una sensación se transformará en otra cosa (en otra sensación, imagen o sentimiento) mientras tomamos conciencia de sus características y lo hacemos a su propio ritmo: no podemos empujar al río. Entrar en sintonía con estos ritmos y respetarlos forma parte de este proceso.

Ahora dispones de los elementos básicos para utilizar la percepción sensible. Piensa en ella como en una herramienta que te ayudará a conocerte en tanto que organismo complejo, biológico y espiritual. La percepción sensible es simple y elegante. Sin embargo, es miles de millones de veces más sofisticada que las computadoras más potentes. Engloba conciencia, sensación, sutileza, variedad y ritmo. Si estás empezando a comprender tanto sus elementos primitivos como los refinados, vas por buen camino.

7

La experiencia animal

Sostengo que la singularidad del hombre no se puede concebir en toda su imponente grandeza a menos que partamos de los antecedentes de los antiguos rasgos históricos que el hombre aún comparte con la vida animal.

KONRAD LORENZ

El animado mundo de nuestras emociones, miedos y respuestas es como un gran bosque con su fauna. Experimentamos esos sentimientos como si fueran animales salvajes que huyen a través del follaje de nuestro tupido ser, otean con timidez y alarma o se escabullen hábilmente y vigilan con astucia, vinculándonos a nuestro yo desconocido.

PAUL SHEPARD

Los cimientos de la fisiología humana evolucionaron a partir de las primeras criaturas que salieron arrastrándose del limo primordial. Por mucho que nos guste pensar que no es así, nuestra conexión con ese inicio sigue siendo fundamentalmente idéntica. A nivel del organismo biológico básico, no existe ningún pensamiento o conceptualización, solo respuestas instintivas frente a las situaciones que se presentan. En el organismo humano, algunos de estos impulsos son oscuros; otros son acuciantes y todopoderosos. Por mucho que los seres humanos hayamos evolucionado en términos de nuestra capacidad para razonar, sentir, planificar, construir, sintetizar, analizar, experimentar y crear, no hay nada que sustituya las fuerzas sanadoras instintivas y sutiles que compartimos con nuestro pasado primitivo.

LOS ANIMALES TAMBIÉN LO HACEN

Ante la presencia de una amenaza, la naturaleza ha dotado a casi todas las criaturas vivientes de unas respuestas muy similares por parte del sistema nervioso. Sin embargo, entre todas las especies solo hay una que tiende a desarrollar secuelas traumáticas a largo plazo: el ser humano. La única ocasión en la que observamos efectos similares en los animales se da cuando son domesticados o sometidos reiteradamente a condiciones estresantes en experimentos controlados en laboratorio. En estos casos desarrollan reacciones traumáticas agudas y crónicas.

Esta revelación lleva a plantear las siguientes preguntas:

- Dado que la respuesta del sistema nervioso frente a las amenazas parece haberse diseñado bien y funciona eficazmente en la práctica totalidad de las criaturas, ¿por qué los seres humanos son incapaces de aprovechar todas las ventajas de este sistema?
- ¿Acaso no sabemos cómo acceder a él?
- ¿Hacemos caso omiso del sistema?
- ¿Por qué los seres humanos se traumatizan tan fácilmente?
- ¿Qué hacen los animales que no hagamos nosotros?
- ¿Qué y cómo podemos aprender de los animales?

En el mundo natural, las respuestas de supervivencia que hemos analizado son normales y saludables, y benefician a los animales. Cuando estos se enfrentan a un evento amenazador, superan rápidamente la reacción de *shock* inicial y se recuperan. Sus reacciones están limitadas en el tiempo y no se cronifican. Observar esta conducta puede mejorar la comprensión de nuestra capacidad instintiva para superar el trauma con éxito. También podemos aprender a no interferir en nuestros instintos.

La experiencia de la percepción sensible nos da la coyuntura para volver a reconectar con el animal que llevamos dentro. El hecho de conocer, sentir y percibir centra nuestra atención ahí donde la curación puede dar comienzo. La naturaleza no nos ha olvidado; somos nosotros quienes la hemos olvidado a ella. El sistema nervioso de una persona traumatizada no está dañado; está congelado en una especie de animación suspendida. Redescubrir la percepción sensible aportará calor y vitalidad a nuestras experiencias. Esta percepción también es una forma amable y segura de reiniciar el procesamiento instintivo de energía que se interrumpió al producirse el trauma. Completar este proceso evita que las reacciones postraumáticas devengan crónicas. Disponemos de mecanismos inherentes para responder y avanzar hacia una resolución natural del trauma. Compartimos algunos de ellos con los animales; otros nos pertenecen en exclusiva: en especial, nuestros procesos de pensamiento y lenguaje, muy desarrollados.

Centrémonos ahora en una parte del cerebro de gran importancia en el estudio de los traumas. En lo más profundo del cerebro de todo animal se encuentra el cerebro reptiliano. Es el hogar de nuestros instintos. La única forma de acceder conscientemente a nuestros recursos curativos es a través de la sensación y de la percepción sensible. La sensación es el lenguaje del cerebro reptiliano. Biológica y fisiológicamente, el cerebro reptiliano es esencial para todos los animales, incluidos los seres humanos. Lleva codificados los planes instintivos de las conductas que garantizan la supervivencia de la especie (autoconservación y reproducción). Los cambios involuntarios que regulan las funciones vitales del cuerpo están controlados por esta región del cerebro. El cerebro reptiliano es el patrón a partir del que ha evolucionado toda vida superior. Aunque su función pueda ser mejorada o aparentemente ignorada en los animales superiores, las conductas que se originan en el núcleo reptiliano del cerebro son la clave para desentrañar el misterio del trauma. Estas conductas son las que nos permiten experimentarnos como animales humanos.

Cuando hable el cerebro reptiliano, ¡escucha!

> —No es culpa suya —dijo él.
> —Oh, claro —dijo Lex—, prácticamente nos ha devorado, pero no es culpa suya. Es un carnívoro. No puede hacer otra cosa.

> Michael Crichton, *Parque Jurásico*

Para el reptil, la elección consciente no es una opción. Toda conducta, todo movimiento es instintivo. Solo el instinto controla la búsqueda de alimento, de cobijo y de una pareja adecuada para la procreación. Todas las estrategias defensivas están genéticamente programadas en un cerebro primitivo que es muy eficiente. Estas conductas forman parte de los ciclos rítmicos sobre los que el reptil no tiene control. Día tras día, estación tras estación, año tras año, durante cientos de millones de años, se han repetido estos rituales de la vida. ¿Por qué? Porque funcionan.

Un insecto se arrastra hacia un lagarto que descansa sobre un tronco. La lengua del lagarto sale disparada y el insecto desaparece. El lagarto no se para a considerar si tiene hambre o no. No se pregunta si el insecto está lo suficientemente limpio como para engullirlo. Tampoco cuenta las calorías que le corresponde ingerir ese día. Simplemente come. Al igual que duerme, se reproduce, huye, se inmoviliza, lucha, etc. La vida dominada por el instinto es sencilla. El lagarto no tiene nada que recordar, nada que planificar, nada que aprender: el instinto se ocupa de todo.

Como mamíferos, el impala y el guepardo (capítulo uno) tienen un cerebro que incluye un núcleo reptiliano y una estructura más elaborada conocida como cerebro límbico. El cerebro límbico existe en todos los animales superiores (incluyéndonos a nosotros) y es el principal emplazamiento de las conductas emocionales y sociales complejas de las que carecen los reptiles. Estas conductas no sustituyen a los impulsos instintivos derivados del cerebro reptiliano, sino que los complementan y los mejoran. El cerebro límbico recibe impulsos del núcleo reptiliano y trabaja en función de esos datos. Este salto evolutivo proporciona al mamífero más opciones de las que tiene el reptil.

Un rebaño de impalas pasta, se comunica y huye como un solo cuerpo debido, en parte, a la información adicional proporcionada por el sistema límbico. Además de su respuesta instintiva de huida, el impala ha desarrollado y conserva la intuición de que tiene una mayor capacidad de supervivencia en grupo (por ejemplo, los jóvenes impalas intentaron reunirse con el rebaño cuando se vio amenazado; véase capítulo uno). Las emociones evolucionaron gracias al cerebro límbico. Las emociones ofrecieron a los mamíferos una forma más desarrollada de almacenar y comunicar información, y prepararon el terreno para la evolución del cerebro racional.

Nuestro propio intelecto evolucionó a partir de una matriz instintiva. El instinto define los parámetros que guían a cada especie para formar pensamientos y desarrollar el lenguaje. En un ser humano sano, el instinto, la emoción y el intelecto trabajan juntos para crear el mayor abanico de opciones posible en una situación determinada.

SER UNO CON LA NATURALEZA

Aferrándose, balanceándose, pulsando, la criatura más vulnerable e insustancial [la medusa] tiene como defensa la violencia y el poder de todo el océano, a quien ha confiado su vida y su voluntad.

URSULA K. LE GUIN, *El torno del cielo*

Un insecto se arrastra hasta ponerse a tiro de la lengua del lagarto y es engullido. Un rebaño de impalas olfatea el peligro y se mueve como un solo ser para ponerse a salvo. Estos ejemplos demuestran el potencial de los animales para traducir de inmediato cualquier indicio externo en una respuesta instintiva interna. El animal y el entorno son uno, y no hay separación entre el estímulo y la respuesta.

Ningún organismo ilustra mejor esta sintonía que la medusa o la ameba. Al avanzar a través de un medio fluido no muy diferente a su propio cuerpo, la ameba es una con su ambiente. El más mínimo cambio en su entorno genera una respuesta inmediata. Por ejemplo, la ameba se reorientará hacia un alimento más seguro o se alejará de la toxicidad. Las señales externas que recibe y la respuesta de la ameba ocurren como un único acontecimiento. Son prácticamente sincrónicas y sinónimas.

Este tipo de sintonía es fundamental para la supervivencia de todos los organismos. Sin ella, ¿cómo podríamos generar a tiempo respuestas apropiadas tanto ante oportunidades como ante peligros? El vehículo para esa sintonía es el cuerpo. En los seres humanos, esta experiencia se expresa a través de la sensación y la percepción sensible.

La sintonía

> La primera huella es el fin de una cuerda. En la punta, se agita un ser; un misterio, que transmite un indicio sobre sí mismo cada tantos pasos, revelándote más sobre sí mismo hasta que casi resulta visible, antes incluso de llegar a él.
>
> *The Tracker*, de Tom Brown,
> narrado por William Jon Watkins

En el mundo actual, la mayoría de la gente carece de la capacidad para estar presente o en sintonía con los matices de sus paisajes internos y externos. Sin embargo, este tipo de conciencia sigue siendo fundamental para la vida de muchos pueblos indígenas. Consideremos la experiencia de un rastreador indígena en la naturaleza.

A fin de armonizarse con su entorno, el rastreador debe estar completamente atento a sus respuestas animales y a la percepción sensible. Así, no solo es más consciente de sus propias reacciones, sino también de las de su presa. El rastreador y el rastreado se convierten en uno. Sabe cuándo el animal está enfermo o herido, hambriento o cansado. Sabe cuándo ha estado cazando o apareándose, o cuánto tiempo ha dormido. Las huellas le indican dónde ha bebido. La acumulación de nieve junto a un arbusto le indica dónde ha dormido. En la llanura barrida por el viento, donde no hay señal alguna, el rastreador utiliza su percepción de «unidad» con el animal para que le sirva de guía. El instinto le indica dónde ha ido el animal. El rastreador y el animal comparten un espíritu común.

Aunque el rastreador haya sintonizado profundamente con el animal al que rastrea, tiene que estar atento al resto de estímulos (información) de su entorno, tanto internos como externos. Podrían seguirlo o ser oteado por otros animales hambrientos o curiosos. Su seguridad depende de su capacidad de permanecer presente a través de la percepción sensible. Así, sus sentidos sutilmente afinados detectarán el más mínimo sonido o movimiento. Internamente, un sentido intangible de que algo no va bien le advertirá de cualquier eventual peligro. Los olores son intensos; los colores, vivos y brillantes. Todo rebosa vida. En este estado de conciencia es posible encontrar belleza en lo que, de otro modo, parecería ordinario: una ramita, una oruga, una gota de rocío en una hoja.

Mientras el rastreador permanece en armonía con este devenir, lo inunda una profunda sensación de bienestar. Está listo para responder, alerta pero relajado. Las «respuestas de orientación», que funcionan de forma óptima, confieren al rastreador una sensación de confianza y seguridad acerca de su capacidad para identificar y superar con éxito cualquier desafío que le salga al paso.

En los animales salvajes, estas respuestas instintivas garantizan la supervivencia: brindan una capacidad de armonización y unidad con el entorno que les permitirá seguir con vida. Los seres humanos reciben una recompensa aún mayor al utilizar estas respuestas animales. Mejoran nuestra capacidad para la conexión y el disfrute, y aportan energía y vitalidad. Si gozamos de buena salud y no tenemos traumas, estas respuestas instintivas añaden sensualidad, variedad y una sensación de asombro a nuestras vidas.

La respuesta de orientación

> El hadrosaurio siguió comiendo, a unos metros de él. Grant observó los dos orificios alargados encima del pico plano. Aparentemente, el dinosaurio era incapaz de olerlo. Y aunque tenía el ojo izquierdo clavado en él, por alguna razón el hadrosaurio no reaccionaba a su presencia. Recordó cómo el tiranosaurio fue incapaz de verlo la noche anterior. Decidió realizar un experimento. Tosió. Al instante, el hadrosaurio se detuvo, su gran cabeza se inmovilizó, las mandíbulas dejaron de masticar. Solo se movió el ojo, en busca de la fuente del sonido. Pasado un momento, cuando parecía que no había peligro, siguió masticando.
>
> MICHAEL CRICHTON, *Parque Jurásico*

Imagina que paseas ociosamente por un prado y, de pronto, una sombra se insinúa en la periferia de tu campo de visión. ¿Cómo responderías? El instinto hace que te detengas. Tal vez te agaches y te flexiones ligeramente, y tu ritmo cardiaco se altere con la activación de tu sistema nervioso autónomo. Tras esta momentánea respuesta de «parálisis», tus ojos se abrirán desmesuradamente. Sin pretenderlo, tu cabeza girará en dirección a la sombra en un intento de localizarla e identificarla. Toma conciencia de los músculos. ¿Qué están haciendo?

Los músculos de cuello, espalda, piernas y pies trabajan juntos para que el cuerpo, que instintivamente se estira y se alarga, pueda darse la vuelta. A la vez que la pelvis y la cabeza se mueven horizontalmente, entrecierras los ojos a fin de obtener una visión panorámica óptima del entorno. ¿Cuál es tu estado interno? ¿Qué otros aspectos intangibles de ti mismo detectas o notas en respuesta al descubrimiento de la sombra? La mayoría de las personas se sentirán alertas y atentas, con curiosidad ante ese fenómeno desconocido. Tal vez haya un indicio de excitación y anticipación que estimula tu deseo de descubrir qué es esa sombra. Quizá también percibas un posible peligro.

Cuando un animal percibe un cambio en su entorno, responde dirigiendo la mirada al origen de esa alteración. La búsqueda tal vez consista en un único barrido ocular del entorno. El animal busca una fuente de alimento o una posible pareja, y se aleja del peligro. Si el cambio no indica amenaza, alimento o una pareja en potencia, un animal como el hadrosaurio simplemente retomará su actividad anterior. La conducta de un animal que experimenta y responde a una novedad en su entorno recibe el nombre de «respuesta de orientación».

Estas respuestas instintivas son tan primitivas como el cerebro reptiliano que las organiza. Permiten que el animal responda fluidamente a un entorno en cambio permanente. Todos los animales (incluidos los seres humanos) poseen estos patrones coordinados de movimiento muscular y conciencia perceptiva. A pesar de nuestras diferencias con el lagarto y el impala, los nuevos sonidos, olores y movimientos en el entorno evocan en nosotros los mismos patrones básicos de respuesta.

Iván Pávlov, el gran fisiólogo ruso, reconoció y describió estas respuestas de orientación en su monumental trabajo sobre el condicionamiento animal. Llamó reflejo *shto eta takoe* a la característica innata de esta respuesta. Los intentos de traducirlo literalmente han hecho que se acabe denominando el reflejo «¿qué es esto?». Una traducción más exacta, sin embargo, sugiere algo así como «¿qué es aquello?», «¿qué está pasando ahí?» o «¡eh!, ¿qué pasa?», que subraya el asombro y la curiosidad inherente a la respuesta. Esta respuesta dual (reaccionar además de investigar) se reconoce ampliamente como el aspecto dominante de las conductas de orientación. Tanto en humanos como en animales, la expectativa, la sorpresa, la alerta, la curiosidad y

la capacidad para percibir el peligro son formas de conciencia cinesté-
sica y perceptiva surgidas de estos complejos de orientación. En el
individuo traumatizado, estos recursos han decaído. Es habitual que
un estímulo active la respuesta de inmovilidad (trauma) en lugar de
una apropiada respuesta de orientación (por ejemplo, al escuchar rui-
dos extraños en el motor del coche, un veterano traumatizado se derrumbará, presa del miedo).

Las respuestas de orientación son el recurso primordial mediante
el cual el animal se armoniza con su entorno. Estas respuestas se combinan y se adaptan constantemente para permitir un amplio espectro
de reacciones y opciones. El proceso consistente en determinar dónde
se localiza, qué es y si resulta peligroso o deseable acontece, en primer
lugar, a nivel subconsciente.

Recientemente, una amiga me contó una historia que ilustraba
vívidamente este instinto animal en acción. En un viaje por África,
Anita, su marido y su hijo de tres años fueron a un safari en Kenia.
Atravesaban el desierto de Masai Mara en una camioneta y pararon
a descansar. Su marido y ella se sentaron uno frente al otro en el vehículo; su hijo de tres años iba en el regazo del marido, junto a una
ventana abierta. Estaban hablando de los animales que habían visto
cuando, de pronto, mi amiga se precipitó hacia la ventanilla y la cerró
sin una razón aparente. Entonces la vio, es decir, tomó conciencia de
la serpiente que se erguía desde la maleza, cerca del rostro de su hijo.

La respuesta de la madre precedió a su toma de conciencia de la
serpiente. Un retraso podría haber tenido consecuencias mortales. A
menudo, el cerebro instintivo orienta, organiza y responde a los estímulos mucho antes de que seamos conscientes de ellos.

Huye, lucha o... quédate quieto

> Mientras Grant observaba, un solo miembro superior se
> extendió hacia arriba muy lentamente, para apartar los
> helechos que había al lado de la cara del animal. El miem-

bro, según pudo ver Grant, era muy musculoso. La mano tenía tres dedos prensiles, cada uno rematado en garras curvas. Suave, lentamente, la mano empujó a un lado los helechos. Grant sintió escalofríos y pensó: «Nos está cazando». Para un mamífero como el hombre había algo indescriptiblemente antinatural en el modo en que los reptiles cazaban a sus presas. No sin razón el hombre odiaba a los reptiles: la inmovilidad, la frialdad, el ritmo, todo estaba mal. Encontrarse entre cocodrilos u otros reptiles grandes era recordar una clase diferente de vida, un mundo diferente...

MICHAEL CRICHTON, *Parque Jurásico*

Ciertas especies han desarrollado mecanismos especialmente adaptados para mantenerse a salvo. Para evitar ser detectada y atacada, la cebra utiliza el camuflaje; la tortuga se esconde; los topos excavan madrigueras; perros, lobos y coyotes ruedan por el suelo y adoptan una postura de sumisión. Las conductas de huida, lucha o inmovilidad son tan primitivas que incluso preceden al cerebro reptiliano. Estas herramientas de supervivencia están en todas las especies, desde arañas y cucarachas a primates y seres humanos.

Las conductas defensivas universales y primitivas reciben el nombre de estrategias de «lucha o huida». Si la situación reclama violencia, una criatura amenazada luchará. Si el animal amenazado lleva las de perder, optará por huir, si puede. Estas elecciones no se piensan, sino que son instintivamente orquestadas por los cerebros reptiliano y límbico. Cuando la huida o la lucha no garantizan la seguridad del animal, existe otra línea de defensa: la inmovilidad (petrificación), igualmente universal y básica para la supervivencia. Por razones inexplicables, esta estrategia de defensa no recibe el mismo tratamiento en los textos de biología y psicología. Sin embargo, se trata de un recurso de supervivencia igualmente viable en situaciones de peligro. En muchas ocasiones es la mejor opción.

Desde el punto de vista biológico, el éxito no significa vencer sino sobrevivir, y realmente importa poco cómo se consigue. El objetivo es seguir vivo hasta que pase el peligro y afrontar las consecuencias más tarde. La naturaleza no hace juicios de valor respecto a cuál es la mejor estrategia. Si el coyote se aleja de la zarigüeya aparentemente muerta, esta abandonará su inmovilidad y seguirá su camino sin preguntarse si podría haber respondido de otra forma. Los animales no consideran que la inmovilidad sea señal de debilidad o incompetencia, y nosotros tampoco deberíamos hacerlo.

El propósito de la lucha o la huida para escapar del peligro es obvio. La eficacia de la respuesta de inmovilidad es menos evidente, aunque resulta igualmente notable como mecanismo de supervivencia. En última instancia, solo la naturaleza determina qué respuestas instintivas rentabilizarán la probabilidad global de supervivencia para la especie. Ningún animal, ni siquiera el animal humano, tiene un control consciente sobre si debe inmovilizarse o no en respuesta a la amenaza. Cuando un animal percibe que está atrapado y no puede escapar huyendo o luchando, la inmovilidad ofrece muchas ventajas.

En primer lugar, muchos predadores no matarán ni devorarán a un animal inmóvil a menos que estén muy hambrientos. La inmovilidad es una imitación de la muerte que engaña al predador y lo lleva a sospechar que la carne puede estar en mal estado. Gracias a este engaño, la presa tiene una oportunidad para escapar.

En segundo lugar, a los predadores les cuesta más detectar a una presa potencial que no se mueve. Esto es especialmente cierto en el caso de aquellos animales cuyo pelaje les sirve de camuflaje. Algunos animales solo detectan a su presa cuando esta se mueve. La rana o el lagarto, por ejemplo, no pueden detectar a un insecto en la hierba hasta que este se mueve. Además, muchos predadores no sienten el estímulo de atacar a una presa inmóvil; a menudo, un cuerpo inerte no incita a la agresión.

En tercer lugar, si un predador ataca por sorpresa a un grupo de presas, el colapso de una de ellas puede distraer momentáneamente al cazador, lo que permite huir al resto de la manada.

En cuarto lugar, en un mundo en el que todos los animales ocupan un lugar en la cadena alimentaria y pueden ser predadores o presas, la naturaleza proporciona un mecanismo analgésico para minimizar el dolor que se sufre al morir.

EL REGRESO A LA ACTIVIDAD NORMAL

He puesto de relieve la respuesta de inmovilidad o petrificación porque a menudo conduce al trauma humano. En general, los animales no sufren este tipo de consecuencia por «jugar» a hacerse los muertos. Si los observamos con atención, descubriremos cómo lo consiguen.

Una manada de ciervos pasta en el claro de un bosque. Cruje una ramita. Al instante, los ciervos se ponen en alerta, listos para huir hacia el bosque. Si se ven acorralados, tal vez luchen. Todos los animales se quedan quietos. Con los músculos tensos, escuchan y olfatean el aire (orientación), intentando identificar la fuente del sonido. Al considerarlo sin importancia, vuelven a pastar ociosamente, limpian y alimentan a sus crías y se calientan al sol. Otro estímulo vuelve a poner a los animales en un estado de alerta y vigilancia extrema (hipervigilancia), y una vez más se preparan para luchar o huir. Segundos después, al no descubrir ninguna amenaza, los ciervos retoman su actividad.

Al observar cuidadosamente a los ciervos a través de los binoculares, observamos la transición del estado de vigilancia activa a la actividad normal y relajada. Cuando los animales determinan que no están en peligro, a menudo se estremecen y tiemblan ligeramente. Este proceso se inicia con un ligero temblor o vibración en la parte superior del cuello, en torno a las orejas, y desciende después hasta el pecho, los hombros y, finalmente, el abdomen, la pelvis y las patas traseras. Con estos pequeños temblores del tejido muscular, el organismo regula estados de activación del sistema nervioso extremadamente distintos. El ciervo pasa por este ciclo rítmico docenas, tal vez cientos de veces al día. El ciclo sucede cada vez que se activa ese estado. Los animales pasan fácil y rítmicamente del estado de atención relajada a la tensa hipervigilancia.

LOS ANIMALES SON NUESTROS MAESTROS

Los animales en estado salvaje nos ofrecen un modelo de salud y vigor, además de permitirnos una mayor comprensión del proceso biológico curativo. Nos dan una valiosa visión de cómo viviríamos si nuestras respuestas fueran puramente instintivas. Los animales son nuestros maestros; son un ejemplo del equilibrio de la naturaleza.

Una de las dificultades a la hora de tratar el trauma es la concentración desmedida en el contenido del acontecimiento que lo ha provocado. Quienes padecen un trauma tienden a identificarse a sí mismos como supervivientes, más que como animales con un poder de sanación instintivo. La capacidad de los animales para recuperarse de una amenaza puede servir de modelo a los seres humanos. Nos aporta un indicio que puede marcar el camino hacia nuestras propias habilidades de curación innata. Debemos prestar atención a nuestra naturaleza animal para descubrir las estrategias instintivas necesarias para liberarnos de los efectos debilitadores del trauma.

8

Cómo la biología se transforma en patología: la inmovilidad

El escenario está listo

Los síntomas del trauma se forman en un proceso en espiral que empieza con unos mecanismos biológicos primitivos. En el centro de este proceso está la respuesta de inmovilidad o petrificación, un mecanismo de defensa activado por el cerebro reptiliano.

En respuesta a la amenaza, el organismo puede luchar, huir o inmovilizarse. Estas respuestas forman parte de un sistema defensivo unificado. Cuando se frustran las respuestas de lucha y huida, el organismo se encoge instintivamente a medida que se acerca a su última opción, la respuesta de inmovilidad. Al encogerse, la energía que habría sido liberada en las estrategias de lucha o huida se amplifica y se acumula en el sistema nervioso. En este estado emocional de ansiedad, la ahora frustrada respuesta de lucha se transforma en ira; la respuesta reprimida de la huida se convierte en impotencia. El individuo que ha caído en el estado caracterizado por la ira o la impotencia aún tiene el potencial para retomar repentinamente una frenética respuesta de huida o un furioso contraataque. Si el organismo es capaz de descargar la energía huyendo o defendiéndose, y resuelve así la amenaza, el trauma no tendrá lugar.

Otro posible escenario consiste en que el encogimiento prosiga hasta que la ira, el terror o la impotencia se acumule hasta un nivel de activación que desborde al sistema nervioso. En ese punto se manifestará la inmovilidad y el individuo quedará congelado o se derrumbará. Entonces, en lugar de descargarse, esta intensa energía inmovilizada se ve confinada junto a los estados emocionales, agobiantes y sumamente activados, del terror, la ira y la impotencia.

LA CULPA ES DEL NEOCÓRTEX

¿Por qué los seres humanos no activan y desactivan estas distintas respuestas de un modo tan natural como los animales? Una razón es que nuestro evolucionado neocórtex (el cerebro racional) es tan complejo y poderoso que, a través del miedo y el exceso de control, puede interferir en las respuestas y los impulsos instintivos restauradores generados por el cerebro reptiliano. En particular, el neocórtex anula fácilmente algunas de nuestras respuestas instintivas más suaves, como aquellas que guían la curación del trauma a través de la descarga de energía. Para que el proceso de descarga sirva a este propósito debe iniciarse y ser dirigido por los impulsos del cerebro reptiliano. El neocórtex debe elaborarlo a partir de la información instintiva, y no controlarla.

El neocórtex no es lo suficientemente poderoso como para anular la respuesta instintiva de defensa ante la amenaza y el peligro: la respuesta de lucha, huida o inmovilidad. En este sentido, los seres humanos seguimos inextricablemente vinculados a nuestra herencia animal. Sin embargo, los animales no poseen un neocórtex altamente evolucionado que interfiera en la recuperación natural del funcionamiento normal a través de alguna forma de descarga. En los seres humanos, el trauma se produce por el inicio de un ciclo instintivo al que no se le permite llegar a término. Cuando el neocórtex anula las respuestas instintivas que llevarían el ciclo a su culminación, nos quedamos traumatizados.

Miedo e inmovilidad

La duración de la respuesta de inmovilidad en los animales está, por lo general, limitada en el tiempo; entran y salen de ella. La respuesta de inmovilidad humana no se resuelve tan fácilmente porque la sobrecarga de energía acumulada en el sistema nervioso está confinada por las emociones del miedo y el terror. El resultado es un círculo vicioso de miedo e inmovilidad que impide que la respuesta se complete de forma natural. Si no permitimos su culminación, estas respuestas generan los síntomas del trauma. Así como el terror y la ira se manifestaban en la respuesta de inmovilidad, ahora contribuirán en gran medida a su mantenimiento, aun cuando ya no exista ninguna amenaza real.

Si nos acercamos silenciosamente a una paloma sin que nos vea (mientras está absorta picoteando grano) y la tomamos suavemente, el pájaro tiembla. Si la ponemos boca abajo, permanecerá inmóvil en esa posición, con las patas en el aire, durante varios minutos. Al abandonar este estado, similar a un trance, se incorporará, dará unos saltitos o echará a volar como si nada hubiera pasado. Sin embargo, si quien se acerca la asusta, la paloma intentará escapar. Si es atrapada después de una persecución frenética y es sujetada por la fuerza, también sucumbirá a la inmovilidad, pero el pájaro, aterrorizado, conservará su inmovilidad durante un tiempo superior al del primer escenario. Al salir del trance, se encontrará en un estado de gran excitabilidad. Se debatirá salvajemente, picoteando todo posible objetivo, o echará a volar en un frenesí de movimientos descoordinados. El miedo refuerza e intensifica (potencia) la inmovilidad. Y también convierte la vuelta a la movilidad en un acontecimiento temible.

«Tal como entran, salen»

Si estamos muy activados y aterrorizados al entrar en el estado de inmovilidad, saldremos de él de un modo similar. «Tal como entran, salen» es una expresión que los médicos de la Armada estadounidense utilizan al hablar de los soldados heridos. Si un soldado entra en el quirófano presa del pánico y el terror, puede que despierte de la anestesia de una forma brusca y en un estado de frenética desorientación. Biológicamente, reacciona como el animal que lucha por su vida después de haber sido asustado y capturado. El impulso de atacar con una ira desmedida, o de intentar huir desesperadamente es biológicamente apropiado. Cuando la presa capturada abandona la inmovilidad, su supervivencia puede depender de una agresión violenta si el predador sigue presente.

De un modo similar, cuando las mujeres que han sufrido una violación empiezan a salir del *shock* (a menudo meses o incluso años más tarde), con frecuencia sienten el impulso de matar a sus agresores. En algunos casos, podrían tener la oportunidad de perpetrar esta acción. Algunas de estas mujeres han sido juzgadas y condenadas por asesinato «premeditado» debido a que el lapso de tiempo transcurrido se ha considerado una premeditación. Se han podido cometer algunas injusticias como consecuencia de la mala comprensión del drama biológico que ha tenido lugar. Es posible que algunas de estas mujeres hayan actuado impulsadas por la profunda (y postergada) respuesta defensiva de ira y contraataque que experimentaron al abandonar el estado agitado de inmovilidad. Estas represalias pueden tener una motivación biológica, y no constituyen necesariamente una venganza premeditada. Algunos de estos asesinatos se podrían haber evitado mediante el tratamiento efectivo del *shock* postraumático.

En la ansiedad postraumática, la inmovilidad se mantiene, fundamentalmente, en el interior. El impulso de agredir con violencia es tan aterrador que la persona traumatizada suele encerrarlo en su interior en lugar de exteriorizarlo. Esta ira reprimida adopta la forma de depresión ansiosa y de los diversos síntomas del estrés postraumático. Como la paloma que intenta escapar frenéticamente, pero es capturada y retenida de nuevo, las víctimas del trauma que empiezan a salir de la inmovilidad a menudo están atrapadas en su propio miedo de que se produzca una activación abrupta y se desate su potencial violento. Están encerradas en un círculo vicioso de terror, ira e inmovilidad.

Están preparadas para la huida o para un feroz contraataque, pero se inhiben por temor a la violencia que pueden ejercer contra sí mismas o contra los demás.

COMO LA PROPIA MUERTE

En el capítulo siete hablamos de las ventajas biológicas de la inmovilidad para los animales de presa. Hacer creer a un predador que su presa ya está muerta a menudo funciona. Sin embargo, el predador no es el único actor en escena que responde a la inmovilidad como si su presa estuviera muerta. La fisiología del animal inmovilizado actúa como si estuviera muerto. De hecho, los animales pueden llegar a morir de una «sobredosis de respuesta de inmovilidad». El cerebro reptiliano tiene el control definitivo sobre la vida y la muerte. Si recibe mensajes reiterados de que el animal está muerto, tal vez lo cumpla. Sin embargo, en la mayoría de los casos, el cerebro reptiliano no registra de modo absoluto que el animal está muerto; por lo tanto, no hay consecuencias graves. El animal conserva el estado de inmovilidad durante un periodo de tiempo y, a continuación, lo abandona mediante una descarga espasmódica. El incidente llega a su fin.

Dado que nuestro cerebro está muy desarrollado, este proceso de abandono de la inmovilidad es más complejo en los seres humanos. El temor a experimentar terror, ira y violencia hacia uno mismo y hacia los demás, o a que la energía descargada en el proceso de inmovilización nos resulta intolerable, mantiene activa la respuesta de la inmovilidad en los humanos. Y estos no son los únicos aspectos que impiden que culmine esta respuesta. El temor a la muerte es otro. Nuestro neocórtex nos informa de que la inmovilidad se parece a la muerte. La muerte es una experiencia que los seres humanos evitan radicalmente. Los animales no tienen esa conciencia censora; para ellos, vida y muerte forman parte de un sistema; es una cuestión puramente biológica. Los seres humanos comprenden lo que significa la muerte y la temen. La

evitamos incluso en sueños. ¿No has soñado que te caes y has despertado justo antes de llegar al suelo (o de caer al agua, etc.)? ¿No has soñado que alguien (o algo) te persigue para hacerte daño y has despertado un segundo antes del golpe fatal (la puñalada, el disparo, etc.)? El
hecho de que la respuesta de inmovilidad se parezca a la muerte es otra
razón que explica por qué el ser humano es incapaz de permanecer en
la percepción sensible de la misma durante el tiempo necesario para
que esta llegue a su fin natural. Los seres humanos la temen y evitan su
culminación. Dado que los seres humanos tenemos una baja tolerancia
a entrar y salir de la inmovilidad, los síntomas traumáticos se acumulan,
se mantienen y se hacen más complejos.

Si nos permitimos experimentar la sensación de la inmovilidad,
semejante a la muerte, y al mismo tiempo eliminamos el miedo que la
acompaña, podremos superarla. Por desgracia, no son experiencias
que puedan afrontarse con un «aprieta los dientes y aguanta». El organismo asume los indicios de peligro a partir de su experiencia tanto
interna como externa. Cuando la respuesta de inmovilidad desembo-
ca en el terror, la ira o la experiencia de la muerte, respondemos emocionalmente, tal como hicimos cuando sucedió el incidente. Para salir
de la inmovilidad, conviene hacerlo gradualmente, en un entorno seguro, a través de la percepción sensible. Recuerda que, aunque parezca un periodo interminable, el tiempo necesario para salir de la inmovilidad es relativamente corto.

ES UN EFECTO ACUMULATIVO

Los síntomas postraumáticos no surgen de la noche a la mañana. Pasan meses hasta que la reacción de inmovilidad se torna crónica y sin-
tomática. Si sabemos cómo actuar, dispondremos de mucho tiempo
para resolver los aspectos fisiológicos inconclusos de nuestra reacción
a un acontecimiento amenazador antes de que se atrincheren en forma de síntomas. La mayor parte de la gente no sabe qué hacer, y ni tan
siquiera sospecha que haya que hacer algo. Son muchos los que dejan

atrás un evento perturbador arrastrando consigo una gran carga intolerable de trauma sin resolver.

Desde el punto de vista fisiológico, cada experiencia sucesiva de inmovilidad es idéntica a la experiencia original, pero con una importante diferencia. Con cada episodio, la cantidad de energía necesaria para afrontar la situación aumenta debido al efecto acumulativo de la inmovilidad. La nueva energía exige la creación de nuevos síntomas. La respuesta de inmovilidad no solo se cronifica, sino que se intensifica. A medida que se acumula la energía inmovilizada, también lo hacen los síntomas que intentan contenerla desesperadamente.

CÓMO LA BIOLOGÍA SE CONVIERTE EN PATOLOGÍA

Si grandes áreas de nuestro neocórtex quedaran destruidas quirúrgicamente o por un accidente, aún podríamos seguir adelante. Sin embargo, una pequeña «incisión» en el cerebro reptiliano o en alguna de sus estructuras asociadas alteraría profundamente los patrones de comportamiento humanos y animales. Este desequilibrio extremo se reflejaría en un cambio en los patrones de sueño, actividad, agresividad, alimentación y sexualidad. Los experimentos de laboratorio demuestran que algunos animales se quedan completamente inmóviles o, alternativamente, muestran una hiperactividad desenfrenada. Pueden comer excesivamente, o dejar de comer, hasta el punto de morir, o dejar de beber agua voluntariamente. El sexo les puede obsesionar hasta el punto de ser incapaces de atender cualquier otra necesidad o, al contrario, resultarles tan indiferente que renuncian a emparejarse y a reproducirse. Los cambios que tienen lugar son tan extremadamente inapropiados que el animal es incapaz de sobrevivir en condiciones normales. Este tipo de inadaptaciones también se pueden inducir por medio de la estimulación eléctrica de las regiones primitivas del cerebro. Y también pueden producirse por el estrés postraumático (aunque no necesariamente en el mismo grado).

En cuanto al trauma, se puede considerar la patología como el uso inadaptado de cualquier actividad (fisiológica, conductual, emocional o mental) diseñada para ayudar al sistema nervioso a regular su energía activada. La patología (los síntomas) se convierte, en cierto sentido, en la válvula de seguridad del organismo. Esta válvula deja salir solo la presión suficiente para mantener en funcionamiento el sistema. Además de garantizar la supervivencia y producir un efecto analgésico, la respuesta de inmovilidad también es una parte fundamental del interruptor de circuito del sistema nervioso. Sin ella, un ser humano tal vez sería incapaz de sobrevivir a la intensa activación producida por una situación amenazante e ineludible sin arriesgarse a una sobrecarga energética. De hecho, incluso los síntomas producidos por la respuesta de inmovilidad se pueden valorar positivamente, y hasta darles las gracias, si tenemos en cuenta lo que sucedería si el sistema no tuviera esta válvula de seguridad. En un estado patológico, el organismo recurrirá a la percepción sensible para experimentar cualquier pensamiento, emoción o conducta que pueda utilizar en su esfuerzo por contener la energía no descargada y movilizada para la supervivencia. Las funciones (como la alimentación, el sueño, el sexo y la actividad en general) reguladas por el cerebro reptiliano son un vasto y fértil campo para que puedan arraigar los síntomas. Anorexia, insomnio, promiscuidad e hiperactividad maníaca son solo algunos de los síntomas que pueden surgir cuando las funciones naturales del organismo están mal adaptadas.

9

Cómo la patología se transforma en biología: la descongelación

La energía es puro gozo.

WILLIAM BLAKE

La energía volcánica del trauma examinada en el capítulo ocho se vincula a la unión de miedo e inmovilidad. La clave para superar el trauma consiste en separar la inmovilidad (normalmente limitada en el tiempo) del miedo asociado a ella. Cuando un animal asustado sale de la inmovilidad, lo hace con una intensa predisposición a contraatacar o con un frenético y desesperado deseo de escapar. En aras de la supervivencia, toda la energía que se estaba utilizando en esa lucha o huida desesperada (antes de producirse el colapso o la inmovilidad) resurge explosivamente cuando el animal abandona el estado de quietud. Cuando los seres humanos salimos de la inmovilidad, a menudo nos inunda una repentina y abrumadora oleada de emoción. Si no actuamos de inmediato en esta oleada, la energía se puede asociar a grandes niveles de ira y terror. El miedo y el temor a la violencia contra uno mismo y contra los demás reactivan la inmovilidad, extendiéndola, a veces indefinidamente, en forma de terror paralizante. Este es el círculo vicioso del trauma.

La revisión del caso de Nancy: un primer paso

Cuando intenté ayudar a Nancy (capítulo dos) a relajarse, empezó a salir de su larga reacción de inmovilidad. La excitación y las emociones de ira y terror que había reprimido a lo largo de su vida estallaron violentamente. Al responder a la imagen interna del tigre que la atacaba, Nancy fue capaz (décadas más tarde) de desactivar su energía congelada mediante la culminación de una respuesta de huida activa. Al escapar corriendo del tigre imaginario, Nancy pudo movilizar una respuesta intensa y biológicamente apropiada que le permitió —en el presente— descargar la intensa excitación que se había desencadenado cuando su inmovilidad empezó a ceder. Al sustituir la impotencia por una respuesta activa (en ese estado de gran excitación), Nancy se decantó por una opción fisiológica. Su organismo aprendió casi al instante que no tenía que inmovilizarse. El núcleo de la reacción traumática es, en última instancia, fisiológico, y la curación empieza en este nivel.

Figura 1. La biología de la transformación de Nancy

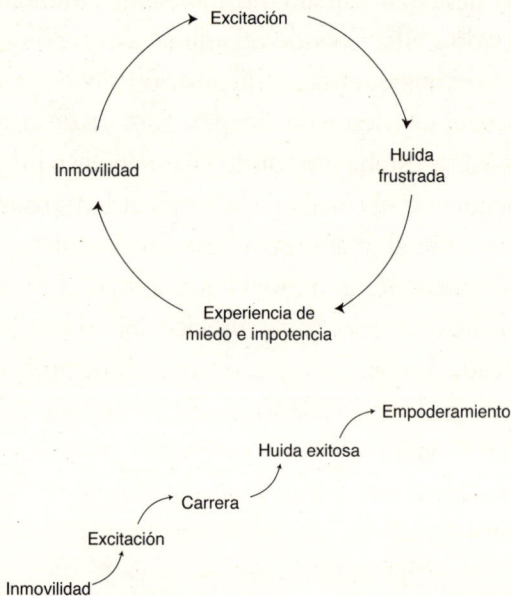

Excitación

Inmovilidad

Huida
frustrada

Experiencia de
miedo e impotencia

Empoderamiento

Huida exitosa

Carrera

Excitación

Inmovilidad

Todo es energía

Las fuerzas que subyacen a la respuesta de inmovilidad y las emociones traumáticas de terror, ira e impotencia son, en última instancia, energías biológicas. Nuestra forma de acceder e integrar esta energía determina si seguiremos paralizados y abrumados, o si lo superaremos y abandonaremos la inmovilidad. Tenemos mucho a nuestro favor. Si se nos ofrece una guía y un apoyo adecuados, podemos imponernos sobre nuestros miedos. Con el uso pleno de nuestra desarrollada capacidad de pensar y percibir, podemos salir conscientemente de la reacción traumática. Este proceso tiene que producirse de forma gradual, no abruptamente. Al trabajar con las expresiones de ira, terror e impotencia, intensamente catárticas y volátiles, conviene avanzar paso a paso.

El impulso de completar la respuesta de inmovilidad sigue activo al margen de cuánto tiempo haya transcurrido. Cuando aprendemos a manejarlo, el poder de este impulso se convierte en nuestro mayor aliado a la hora de trabajar con los síntomas del trauma. Se trata de un impulso persistente. Aunque no lo hagamos todo a la perfección, siempre estará ahí para darnos otra oportunidad.

La notable «curación» de Nancy tuvo lugar por el momento clave en el que escapó del tigre, en el momento cumbre de la excitación inducida por el pánico. Fue como si Nancy tuviera una única oportunidad de escapar y curarse, o volver a hundirse en una vorágine de impotencia y ansiedad devastadoras. En los años posteriores a la sesión con Nancy, empecé a unir las piezas del rompecabezas para la sanación del trauma. Descubrí que la clave consistía en trabajar de forma suave y gradual con las poderosas energías ligadas a los síntomas del trauma.

Marius: el paso siguiente

La siguiente descripción de la odisea de este joven ilustra un refinamiento de las estrategias para curar el trauma. Marius es un joven esquimal de veintitantos años, pequeño, inteligente, tímido y de aspecto adolescente, nacido y criado en una remota aldea de Groenlandia. Cuando le pregunté si podía transcribir su sesión para un libro, asegurándole que ocultaría su nombre y su identidad, sus ojos se abrieron como platos. «No, por favor... Será un honor —dijo—, pero ¿podrías mencionar mi nombre completo, de modo que si mi familia o alguien de mi pueblo leen el libro, sepan que habla de mí?» Así que esta es la historia de Marius Inuusuttoq Kristensen.

Al participar en un curso de formación en Copenhague, Dinamarca, Marius comentó su tendencia a la ansiedad y al pánico, especialmente cuando se encuentra con un hombre al que admira y cuya aprobación desea. Esta ansiedad se «somatiza» en su cuerpo en forma de debilidad en las piernas y un dolor punzante en la pierna derecha, a menudo acompañado de náuseas. Mientras comparte esta experiencia, su cara se enciende y empieza a sudar y a ruborizarse. Al hablar de estas emociones, cuenta un acontecimiento que vivió cuando tenía ocho años.

Al regresar de un solitario paseo por las montañas, fue atacado por tres perros salvajes, uno de los cuales lo mordió en la pierna derecha. Recuerda el mordisco, cómo despertó en brazos de un vecino y la imagen de su padre saliendo por la puerta y regañándolo. Se siente abatido, irritado y herido por el rechazo de su padre. Recuerda que sus pantalones nuevos estaban desgarrados y cubiertos de sangre. Al describir esto, se muestra visiblemente molesto. Le pido que me hable más de aquellos pantalones. Su madre se los regaló por sorpresa aquella mañana; ella los hizo con piel de oso polar, especialmente para él. Su experiencia cambia de un modo drástico y ahora muestra inequívocamente placer y orgullo. Excitado, Marius extiende el brazo frente a él, como si sintiera y disfrutara del suave tacto de sus pantalones nuevos:

—Son el mismo tipo de pantalones que llevan los hombres de la aldea, los cazadores.

Está más excitado y los describe con detalles vívidos.

Imagina que toca los pantalones con sus manos.

—Ahora, Marius —pregunto—, ¿puedes sentir tus piernas dentro de los pantalones?

—Sí, puedo sentirlas, las siento sólidas, como las de los hombres cuando cazan.

Mientras se despliegan las imágenes y la experiencia de las sensaciones corporales, vislumbra una extensión de rocas. Le pido que sienta los pantalones y que a continuación mire las rocas.

—Mis piernas quieren saltar. Las siento ligeras, nada pesadas, como suelen estar. Son como resortes, ligeros y fuertes.

Cuenta cómo descubre un largo palo posado en una roca y cómo se agacha a recogerlo.

—¿Qué es eso? —pregunto.

—Un arpón —continúa—. Estoy siguiendo a un enorme oso polar. Acompaño a los hombres, pero seré yo quien acabe con él. [En los músculos de sus pantorrillas, pelvis y tronco se adivinan pequeños movimientos mientras imagina que salta entre las rocas, siguiendo el rastro.] Ahora lo veo. Me detengo y apunto con el arpón.

—Sí —le digo—, siéntelo en todo tu cuerpo, siente tus pies en las rocas, la fuerza en tus piernas, y la flexión de tu espalda y tus brazos. Siente todo ese poder.

Este juego de «ensoñación» le ayuda a estimular la conducta instintiva y agresiva que resultó frustrada tras el ataque de los perros. Ayuda a «prender la mecha» con respuestas predatorias que acabarán por convertirse en recursos para neutralizar el colapso de la inmovilidad-parálisis que tuvo lugar en el momento del ataque.

—Veo cómo vuela el arpón —continúo.

De nuevo, detecto pequeños ajustes en la postura corporal de Marius; le tiemblan levemente brazos y piernas. Lo animo a sentir estas sensaciones. Me habla de oleadas de excitación y placer.

—Lo he conseguido. ¡Lo he alcanzado con el arpón!

—¿Qué hacen los hombres ahora? —pregunto, con la esperanza de volver a evocar sus impulsos predadores.

—Le abren el vientre y extraen las entrañas, y luego lo despellejan... para... hacer abrigos y pantalones. Luego llevan la carne a la aldea.

—Siente los pantalones, Marius; coloca las manos en tus piernas.

Sigo ayudándole a crear un recurso a partir de las sensaciones de sus piernas. Estos recursos pueden reforzarse con el tiempo, lo que aumenta progresivamente la posibilidad de huida. (Recordemos que, en el caso de Nancy, fue a todo o nada.)

Las lágrimas afloran a sus ojos.

—¿Lo puedes hacer?

—No lo sé... tengo miedo.

—Siente tus piernas, siente tus pantalones.

Grita en lengua esquimal, ferozmente, con un tono de intensidad creciente.

—Sí, le abro el vientre, hay mucha sangre... Arranco las entrañas. Ahora corto la piel, la arranco, todo brilla y resplandece. Es una hermosa piel, suave y espesa. Dará mucho calor.

El cuerpo de Marius vuelve a temblar, estremecido por la excitación, la fuerza y la sensación de dominio. La activación/excitación es muy intensa y visible en todo su cuerpo. Se acerca a un nivel similar al alcanzado cuando fue atacado por los perros.

—¿Cómo te sientes, Marius?

—Estoy un poco asustado... No sé si alguna vez he sentido algo tan fuerte... Creo que está bien... Me siento muy poderoso y lleno de energía, creo que puedo confiar... No lo sé... es intenso.

—Siente tus piernas, siente tus pies, tócate los pantalones con las manos.

—Sí, ahora me siento más tranquilo, no es algo tan apremiante... es más bien una fuerza.

—Bien, muy bien. Ahora empieza a caminar, regresa a la aldea. [Estoy dirigiendo al hombre con nuevos recursos al momento traumático.]

Pasan unos minutos, y entonces el tronco de Marius se dobla y él se queda inmóvil. Su ritmo cardiaco se acelera, y su rostro enrojece.

—Veo unos perros... se acercan.

—Siente tus piernas, Marius, toca tus pantalones —le pido de forma apremiante—. Siente tus piernas y mira. ¿Qué está pasando?

—Me vuelvo, me alejo. Veo a los perros. Veo un poste, un poste de electricidad. Voy hacia él. No sabía que recordara esto. —Marius palidece—. Me siento débil.

—Siente los pantalones, Marius —ordeno—. Siente los pantalones con las manos.

—Estoy corriendo. —Recupera el color—. Puedo sentir las piernas... son fuertes, como rocas. —Vuelve a palidecer y grita—: ¡Ah! ¡Mi pierna! ¡Quema como fuego! No me puedo mover, lo intento, pero no puedo... No puedo... No me puedo mover, ahora todo es confuso... Tengo la pierna entumecida, no la siento.

—Date la vuelta, Marius. Enfréntate al perro. Míralo.

Este es el punto crítico. Le acerco a Marius un rollo de toallitas de papel. Si ahora queda paralizado, podría volver a traumatizarse. Aferra el rollo y lo aprieta mientras el resto del grupo, incluido yo mismo, observamos con asombro su fuerza mientras lo retuerce y casi lo parte por la mitad.

—Ahora el otro, míralo de frente... Míralo directamente a los ojos.

En esta ocasión lanza gritos de ira y triunfo. Lo dejo que asimile sus sensaciones corporales durante unos minutos y que asuma su intensidad. Luego le pido que vuelva a mirar.

—¿Qué ves ahora?

—Los veo... están todos ensangrentados y muertos. [El éxito a la hora de matar y eviscerar al oso polar lo ha preparado para esto.]

Su cabeza y sus ojos empiezan a inclinarse lentamente hacia la derecha.

—¿Qué es lo que ves?

—Estoy mirando el poste... tiene tornillos.

—Muy bien, siente tus piernas, siente tus pantalones.

Estoy a punto de decirle que corra para completar su respuesta de huida. Pero antes de eso, él exclama:

—Estoy corriendo... Puedo sentir las piernas, son fuertes como resortes.

A través de sus pantalones son visibles las ondulaciones rítmicas, mientras todo su cuerpo tiembla y vibra.

—Estoy trepando... trepando... Los veo abajo... Están muertos y yo estoy a salvo.

Solloza suavemente y esperamos unos minutos.

—¿Qué experimentas ahora?

—Tengo la sensación de ser transportado por unos brazos poderosos. El hombre me lleva en sus brazos, sus manos se posan en las mías. Me lleva en brazos. Me siento a salvo.

Marius dice ver una serie de imágenes de cercas y casas en la aldea. Solloza suavemente.

—Toca la puerta de la casa de mi familia. La puerta se abre... mi padre... está muy inquieto, corre por una toalla... mi pierna sangra mucho... los pantalones están desgarrados... él muestra un gran disgusto... no está enojado conmigo, está muy preocupado. Duele, el jabón duele. —Marius deja escapar unos suaves sollozos—. Duele. Pero lloro porque no está enojado conmigo... Veo que está inquieto y asustado. Siento una vibración y un cosquilleo, me siento en paz y a gusto. Me quiere.

Mientras Marius sigue temblando ligeramente, su cuerpo empieza a sudar.

—¿Cómo sientes en tu cuerpo el hecho de que tu padre te quiera? —le pregunto.

Se produce un silencio.

—Siento calidez, mucha calidez y paz. Ahora no necesito llorar, estoy bien y él solo estaba asustado. No es que no me quiera.

Renegociación

Inicialmente, la única imagen o recuerdo del acontecimiento que Marius conservaba eran los pantalones ensangrentados, la carne desgarrada y el rechazo de su padre. Sin embargo, aquí también había una semilla positiva de un núcleo sanador emergente, sus pantalones de piel. Los pantalones se convirtieron en el hilo que cosía la exitosa «renegociación» del acontecimiento traumático.

La imagen de los pantalones desgarrados y ensangrentados era excitante para Marius, y su felicidad también se vio estimulada al imaginar el regalo de los pantalones de piel. Se puso contento cuando le ofrecieron este primer símbolo de hombría. El paseo por las montañas fue una iniciación, un rito de paso. Sus pantalones eran un objeto de poder en ese «paseo». Al querer «saltar de alegría» al principio de la sesión, Marius activó sus recursos en forma de patrones motores que resultaron fundamentales a la hora de abandonar su respuesta de inmovilidad.

El éxito en la renegociación del trauma tiene lugar cuando los recursos adaptativos de la persona aumentan simultáneamente con la excitación. Al pasar de la periferia de la experiencia al «núcleo del *shock*» de la parálisis, sus patrones de inmovilidad no resueltos fueron neutralizados por patrones flexibles y resolubles en cuanto aumentó la activación.

Cuando animé a Marius a orientar la experiencia inicial positiva con sus pantalones hacia el «núcleo del *shock*» traumático y paralizante, una experiencia gozosa se unió a su primera experiencia de derrota y rechazo. Esto le reportó nuevos recursos: agresividad natural y competitividad. Armado con esta confianza recién descubierta, cuando vio la imagen de las rocas, sus recursos empezaron a afianzarse. Al saltar entre las rocas y encontrar y aferrar el arpón, el proceso creativo de Marius desarrolló estos recursos para impulsarlo a afrontar el desafío inminente. Al convertirse en agresor, como los cazadores, rastreó al oso polar imaginario mientras yo seguía sus respuestas corporales. Marius logró empoderarse gracias a estas imágenes, a la sensación de sus fuertes piernas y al vínculo con los hombres de la aldea. Embargado por esta sensación de poder, descubrió a su presa y acabó con ella. Por último, cerca del éxtasis, evisceró al oso imaginario. Es de suma importancia comprender que, debido a la presencia de la percepción sensible, y pese a ser imaginaria, la experiencia fue tan real para Marius como la original, es decir, lo fue mental, fisiológica y espiritualmente.

Pero es en la siguiente secuencia de acontecimientos cuando tiene lugar la verdadera prueba. Empoderado y triunfal, regresa a la aldea.

Su conciencia se ha expandido. Por primera vez, descubre y describe el camino y a los perros. Previamente, estas imágenes no aparecían ante él; estaban confinadas en una suerte de amnesia. Se ve a sí mismo dirigiendo sus movimientos lejos de los perros y hacia un poste de electricidad. Tras experimentar la fuerza de sus piernas, Marius deja de ser prisionero de la respuesta de inmovilidad. Ahora puede elegir. La estremecedora energía extática derivada de la matanza se transforma en la capacidad de correr. Y esto es solo el principio; ¡corre, pero aún no puede escapar! Le pido que se dé la vuelta y enfrente a sus atacantes para no volver a sucumbir a la parálisis. En esta ocasión contraataca, al principio con rabia y luego con la misma sensación de triunfo que lo embargó en la secuencia anterior de la matanza y evisceración del oso. El plan ha tenido éxito. Marius se alza victorioso y ya no es víctima de la derrota.

Sin embargo, la renegociación aún es incompleta. En la próxima secuencia, se dirige al poste y se prepara para correr. Había empezado esta acción años atrás, pero hasta este momento no había sido capaz de ejecutarla. Con estos nuevos recursos, echa a correr y consuma la huida. Esto podría no tener sentido desde el punto de vista de una cronología lineal, ya que antes mató a sus atacantes. No obstante, la secuencia resulta completamente lógica para su instinto. Ahora ha completado la respuesta de inmovilidad congelada en el tiempo desde que tenía ocho años. Un año más tarde, volví a Dinamarca y me enteré de que Marius ya no sufría la ansiedad que habíamos trabajado. Su renegociación le había procurado cambios duraderos.

SOMATIC EXPERIENCING®: RENEGOCIACIÓN GRADUAL

Hay muchos elementos en esta renegociación «mítica» y gradual del trauma infantil de Marius. Más de mil sesiones me habían enseñado que la experiencia de Marius era rica en un sentido mítico, no solo porque él es aborigen, sino porque es una verdad universal que la renegociación del trauma es un viaje intrínsecamente heroico, mítico y poético. Es un viaje que nos pertenece a todos nosotros, dada nuestra condición de animales humanos; incluso pertenece a los que jamás han puesto el pie fuera de una ciudad. El proceso de resolución del trauma nos puede llevar más allá de nuestros confines sociales y culturales, hacia una mayor universalidad. En contraste con la brusca huida de Nancy al atisbar al tigre imaginario, la renegociación de Marius tuvo lugar gradualmente.

Somatic Experiencing es un enfoque amable y gradual para la renegociación del trauma. La percepción sensible es el vehículo utilizado para poner en contacto y movilizar gradualmente las poderosas fuerzas vinculadas a los síntomas traumáticos. Es como pelar lentamente las capas de una cebolla, revelando con cuidado el núcleo interior traumatizado. Explicar de forma técnica el desarrollo de estos principios está fuera del propósito de este libro.

Es importante saber que curar el trauma lleva tiempo. Puede haber momentos dramáticos y dolorosos, así como periodos graduales y a menudo banales en el camino hacia la recuperación. Aunque la curación de Marius estuvo atravesada por el mito y el drama, la clave para resolver su trauma tuvo que ver con reconocer y recuperar su herencia de ser humano competente y dotado de recursos.

El viaje de curación de Marius es, sin duda, una inspiración para todos nosotros. Hemos de tener presente que el germen de esta sanación reside en la descarga fisiológica de la enorme energía acumulada en la inmovilidad. En el caso de Marius fuimos capaces de encontrar una forma de acceder y utilizar la energía comprimida de una forma gradual.

En cada uno de nosotros, el dominio del trauma es un viaje heroico con momentos de brillante creatividad y profundo aprendizaje, y periodos de trabajo duro y tedioso. Es un proceso que consiste en encontrar una forma segura y amable de abandonar la inmovilidad sin sentirnos abrumados. Algunos aspectos de este proceso podrían ocurrir en un acontecimiento condensado, como sucedió con la única sesión de Marius. Otros son más indefinidos y acontecen gradualmente, con el tiempo.

Elementos de renegociación

Al examinar la historia de Marius, podemos identificar elementos esenciales para la curación de los efectos del trauma. Cuando Marius empezó a contar su historia, se centró en los pantalones ensangrentados y desgarrados y en el rechazo de su padre. En ese momento, esta única imagen fija contenía el sentido de todo el incidente. La condensación de un incidente completo en una única imagen es característica del trauma. Tras este incidente, Marius se sintió derrotado, amargamente herido y rechazado. Durante la sesión, cuando siente las emociones que ha asociado a la imagen de sus pantalones desgarrados y ensangrentados, sin intentar analizarlas o controlarlas, empieza a experimentar un cambio en esos sentimientos. En lugar de derrota, dolor y rechazo, sus pantalones de piel se convierten en un catalizador que será la base que inspirará emociones opuestas. La imagen del regalo de su madre suscita el deseo de querer saltar de alegría.

A través del contacto con su percepción sensible, Marius fue capaz de encontrar una gema en bruto en medio del dolor y la aflicción. En vez de hundirse en su dolor, tomó esa joya y empezó a completar, como adulto, su «paseo» de la infancia hacia la individuación y la vida adulta. En cuanto recibe alegremente el regalo de los pantalones, es capaz de diferenciar la excitación de la ansiedad. Al separar la excitación y la alegría de vivir del miedo, da otro paso importante a la hora de despertar al tigre.

En la siguiente secuencia, Marius es capaz de expandir y profundizar en su excitación. Al sentir sus pantalones con las manos y sentir las piernas dentro de los pantalones, crea un poderoso recurso a través de la percepción sensible. Gracias a esta conexión con nuestra percepción sensible seremos guiados en nuestro camino individual hacia la transformación.

En el amor sentimos que levitamos; en el trauma sentimos que nuestras piernas no nos sostienen. Al identificarse con los cazadores de su aldea, Marius restableció una conexión con sus piernas y encontró arraigo en su propio cuerpo y en su mundo social. Recuperar el arraigo es un paso importante en la curación del trauma.

Al observarse a sí mismo caminando por las montañas y saltando entre las rocas, Marius desarrolló una percepción sensible de fuerza y resiliencia. Esta resiliencia es, literalmente, la elasticidad de nuestras piernas. También es, metafóricamente, la resiliencia que nos ayuda a recuperarnos del trauma y superarlo.

A continuación, cuando Marius rastrea al oso imaginario y se prepara para matarlo, moviliza la agresividad perdida en el trauma de su infancia. La recuperación de la agresividad es otro aspecto clave en la curación de los efectos del trauma. Al recobrarla, Marius transforma la compleja emoción de la ansiedad en alegría y en un dominio triunfal. En el imaginario asesinato del oso, cumple con la respuesta activa que garantiza su victoria; ya no es el niño derrotado. Al ser capaz de sustituir una respuesta de impotencia y aflicción por otra activa y agresiva, Marius renegocia su trauma.

En este punto de la renegociación, observamos el afianzamiento de una respuesta de huida activa (correr), que se suma a un agresivo contraataque. Al experimentar cómo sube al poste y mira alrededor, Marius concluye la renegociación consumando la respuesta de orientación. Este acto le permite desvincular el miedo adicional de la excitación que le procura el sentirse plenamente vivo. La renegociación le ayuda a restaurar esos recursos que se vieron disminuidos como consecuencia del trauma. La estrategia general de renegociación funciona así: el primer paso es desarrollar cierta familiaridad con la percepción sensible. En cuanto hemos logrado esto, nos podemos entregar a la corriente de nuestras emociones, que incluye el temblor y otras descargas espontáneas de energía. Podemos utilizar la percepción sensible para cortar el vínculo inadaptado entre la excitación y el miedo. Si entendemos la excitación como una carga energética, lo que pretendemos es mantener esa carga libre y alejada de la ansiedad; por ello debemos ser capaces de afianzarla. La fuerza resiliente es lo opuesto a la impotencia. El árbol crece fuerte y resistente gracias a las raíces que lo afianzan en el suelo. Estas raíces toman sus nutrientes de la tierra y se fortalecen. El «arraigo» también permite al árbol ser resiliente, de forma que pueda ceder a los vientos sin ser arrancado de raíz. La «flexibilidad» es la capacidad de arraigarse y «desarraigarse» de manera rítmica. Esta fortaleza es una forma dinámica de arraigarse. La agresividad es la capacidad biológica para permanecer vigorosos y enérgicos, especialmente cuando recurrimos a la fuerza y al instinto. En el estado (traumatizado) de inmovilidad, estas energías asertivas son inaccesibles. La restauración de una agresividad saludable es una parte esencial en la curación del trauma. El empoderamiento es la aceptación de la autoridad personal. Deriva de la capacidad para elegir la dirección y ejecución de la propia energía. El control es la posesión de técnicas y destrezas para afrontar con éxito una amenaza. La orientación es el proceso en el que determinamos la posición relativa de cada cual en relación con el entorno y las circunstancias. Así es como se renegocia el residuo del trauma.

Dado que toda herida se manifiesta en el seno de la vida y la vida se renueva constantemente a sí misma, en cada herida late la semilla de la curación y la renovación. En cuanto sentimos un corte en la piel o nos pincha un objeto extraño, la sabiduría evolutiva coordina una magnífica y precisa serie de acontecimientos bioquímicos. El cuerpo ha sido diseñado para renovarse a sí mismo a través de una continua autocorrección. Estos mismos principios también se aplican a la curación de la psique, el espíritu y el alma.

II

Síntomas del trauma

10

El núcleo de la reacción traumática

Cuando percibimos el peligro o nos vemos amenazados, entramos en un estado de excitación. La excitación es la actividad que dota de energía nuestras respuestas de supervivencia. Imagina que estás al borde de un acantilado escarpado. Mira hacia abajo y observa las afiladas rocas. Ahora percibe lo que experimenta tu cuerpo. En esta situación, la mayoría de las personas sufre una excitación similar. Muchos de nosotros experimentaremos una ráfaga de energía en forma de acceso de calor o aceleración del ritmo cardiaco. Podemos percibir la tensión en los músculos del cuello y el esfínter anal. A otros les entusiasmará la proximidad del peligro y lo encontrarán estimulante.

La mayoría de nosotros disfruta del «subidón natural» que proporciona la excitación desenfrenada. Son muchos los que buscan experiencias «cercanas a la muerte», como el *puenting*, el paracaidismo y el parapente, por la sensación eufórica que deparan los estados de excitación extrema. He hablado y trabajado con muchos veteranos de guerra que lamentan el hecho de no haberse sentido plenamente vivos desde que estuvieron en el «fragor de la batalla». A los seres humanos les gusta que la vida los desafíe, y necesitamos la excitación que nos colma de energía para afrontar y superar esos retos. La satisfacción profunda es uno de los frutos de un ciclo de excitación completo. El ciclo se desarrolla así: algo nos amenaza o nos desafía y nos embarga la excitación; la excitación alcanza su punto más alto cuando nos movilizamos para afrontar el reto o la amenaza; a continuación, decae activamente, y nos deja relajados y satisfechos.

Las personas traumatizadas manifiestan una profunda desconfianza en el ciclo de excitación, normalmente por una buena razón. Ello se debe a que, para la víctima de un trauma, la excitación se asocia a la experiencia insoportable de sentirse inmovilizada por el miedo. A causa de este miedo, la persona traumatizada evitará la culminación del ciclo de excitación, y se quedará atascada en el ciclo del miedo. Para las víctimas del trauma es fundamental reencontrarse con una sencilla ley natural: todo lo que sube tiene que bajar. Si somos capaces de confiar en el ciclo de excitación y fluir con él, la curación del trauma iniciará su recorrido.

Estos son algunos de los signos más comunes de la excitación:
• Físicos: aumento del ritmo cardiaco, dificultad para respirar (respiración agitada, superficial, jadeante, etc.), sudor frío, tensión muscular hormigueante.
• Mentales: pensamientos desbocados, inquietud, angustia.

Si reconocemos estos pensamientos y sensaciones gracias a la percepción sensible y dejamos que fluyan con naturalidad, alcanzarán su punto más álgido y luego disminuirán y llegarán a su fin. Durante este proceso podemos experimentar temblores, espasmos, vibración, oleadas de calor, respiración profunda, ralentización del ritmo cardiaco, sudoración cálida, relajación de los músculos y una sensación general de alivio, bienestar y seguridad.

Un trauma es un trauma, sin importar su causa

El trauma tiene lugar cuando un acontecimiento crea un impacto no resuelto en un organismo. Al trabajar en este impacto no resuelto a través de la percepción sensible, accedemos a su resolución. Recrear el propio acontecimiento puede parecer útil, pero a menudo no lo es.

A veces, los síntomas traumáticos imitan o recrean el acontecimiento que los ha causado; sin embargo, la curación requiere la capacidad de conectar con el proceso de la respuesta traumática.

El siguiente ejercicio te ayudará a comprender por qué la respuesta del organismo a un acontecimiento amenazante es más importante que el incidente en sí. El ejercicio no se enfrenta al trauma en sí mismo, sino a la respuesta fisiológica que inicia el potencial del trauma. Este ejercicio también ayudará a aclarar cómo sentimos el trauma (muy similar de una persona a otra) y nos dirá cómo identificarlo.

Ejercicio

Si te sientes abrumado o profundamente perturbado durante la realización del ejercicio, por favor, abandónalo. El ejercicio puede resultar demasiado estimulante para algunas personas. Si es tu caso, te recomiendo que busques ayuda profesional calificada.

Para este ejercicio necesitarás lápiz, papel y un reloj con segundero o uno digital. (Si no dispones de reloj, podrás hacer el ejercicio igualmente.) Con el lápiz en la mano y el reloj a la vista, encuentra una postura cómoda y contacta con tu percepción sensible. Concéntrate en tus brazos y piernas, y percibe la sensación de tu cuerpo apoyado contra la superficie que te sostiene; ahora añade a tu conciencia cualquier otra sensación presente: el roce de la piel con la ropa, el peso de un libro en tu regazo, etc. Necesitarás esta conciencia para realizar el ejercicio.

En cuanto hayas tomado conciencia de tu cuerpo a nivel de sensaciones, prosigue cuando te sientas cómodo. Procede paso a paso hasta concluir el ejercicio. Para obtener los mejores resultados, haz el ejercicio de una sola vez. Lee las instrucciones antes de realizarlo. A medida que lo leas y lo experimentes, mantén el contacto con tus emociones y pensamientos a través de la percepción sensible.

Primera parte: toma asiento cómodamente e imagina que estás en un avión a nueve mil metros de altura. Ha habido turbulencias, pero nada que se salga de lo habitual. Mantén tu conciencia tan despierta como te sea posible y sintoniza con tu percepción sensible. Imagina que, de pronto, oyes una gran explosión (¡BUM!), seguida de un completo silencio. Los motores del avión se han parado. ¿Cómo responde tu cuerpo?

Observa la reacción en tu respiración.

En el latido de tu corazón.

En la temperatura en diferentes partes de tu cuerpo.

En las vibraciones y los espasmos involuntarios y en la intensidad de los movimientos.

En tu postura en general.

En tus ojos.

En tu cuello.

En tu vista y oído.

En tus músculos.

En tu abdomen.

En tus piernas.

Escribe una breve nota para cada ítem.

Apunta el tiempo actual en minutos y segundos.

Respira profundamente y relájate. Deja que tu cuerpo regrese a la sensación de bienestar anterior al inicio del ejercicio. Concéntrate en la percepción sensible de ese bienestar, y en qué momento te sientes listo para avanzar a la siguiente parte del ejercicio. Apunta el tiempo en minutos y segundos.

SEGUNDA PARTE: visualízate sentado en los escalones de la casa de unos amigos, esperando su regreso. Es un día cálido y el cielo está despejado. No tienes prisa, por lo que te resulta agradable reclinarte y disfrutar del día mientras esperas la llegada de tus amigos. De pronto, un hombre que pasea por la calle corre hacia ti gritando y blandiendo una pistola. ¿Cómo responde tu cuerpo?

Termina el ejercicio tal como hiciste con la primera parte.

TERCERA PARTE: imagina que vas manejando tu coche por la autopista. No hay mucho tráfico, pero aún te faltan veinte minutos para llegar a tu destino. Decides que es un buen momento para escuchar un poco de música. Acabas de conectar el radio cuando un semirremolque cambia de carril y se dirige directamente hacia ti. ¿Cómo responde tu cuerpo?

Acaba el ejercicio tal como hiciste en las anteriores partes.

CUARTA PARTE: compara las respuestas de las tres primeras partes del ejercicio. ¿En qué se parecen las respuestas a cada uno de los escenarios?

¿En qué se diferencian?

¿Te resulta fácil relajarte ahora?

Anota el tiempo que te ha llevado relajarte después de cada ejercicio.

La mayoría de la gente tendrá una respuesta similar en los tres escenarios. Cualquier acontecimiento potencialmente traumático, real o imaginario, produce ciertas respuestas fisiológicas que varían de una persona a otra, fundamentalmente en intensidad. Esta respuesta es un fenómeno genérico en todo el reino animal. Si personalmente te resulta difícil controlar tu excitación, abre los ojos y concéntrate en un aspecto (agradable) de tu entorno. Cuando los seres humanos o los animales carecen de recursos para afrontar con éxito un incidente peligroso, la excitación y otros cambios fisiológicos que marcan su respuesta frente a ese incidente serán esencialmente idénticos. Como todo el mundo experimenta las primeras etapas del trauma de una forma similar, aprenderás a reconocer esta experiencia, tal y como el ejercicio anterior te enseñó a reconocer la respuesta inicial al peligro. Una vez más, la percepción sensible es el lugar en el que hay que buscar estas semejanzas. ¿Cómo quedan registradas en tu cuerpo?

EL NÚCLEO DE LA REACCIÓN TRAUMÁTICA

Hay cuatro componentes del trauma que siempre estarán presentes, en cierto grado, en toda persona traumatizada:

1. Hiperexcitación
2. Constricción
3. Disociación
4. Parálisis (inmovilidad), asociada al sentimiento de impotencia.

Todos estos componentes juntos conforman el núcleo de la reacción traumática. Son los primeros en aparecer cuando tiene lugar un incidente traumático. A lo largo de nuestra vida, todos los hemos experimentado como respuestas normales. Sin embargo, cuando se dan simultáneamente a lo largo de un extenso periodo de tiempo, son una indicación casi segura de que hemos vivido un acontecimiento que nos ha dejado un residuo traumático no resuelto.

Cuando aprendamos a reconocer estos cuatro componentes de la reacción traumática, estaremos en el buen camino para reconocer el trauma. El resto de síntomas se desarrollan a partir de estos cuatro si la energía defensiva movilizada para responder al acontecimiento traumático no se descarga o no se integra en pocos días, semanas o meses después de la experiencia.

HIPEREXCITACIÓN

En momentos de conflicto o estrés, la mayoría de la gente manifiesta síntomas como respiración y ritmo cardiaco acelerados, nerviosismo, dificultad para dormir, tensión, agitación muscular, pensamientos desbocados y tal vez un ataque de ansiedad. Aunque no siempre es indicativo de síntomas traumáticos, estas señales siempre se deben a alguna forma de hiperexcitación. Si la hiperexcitación, la constricción, la disociación y el sentimiento de impotencia conforman el núcleo de la reacción traumática, la hiperexcitación es la semilla de ese núcleo.

Si reflexionas sobre el ejercicio anterior, descubrirás que ha invocado al menos una versión suave de la hiperexcitación. Siempre que aparece esta excitación interna aumentada, se trata fundamentalmente de una indicación de que el cuerpo está invitando a sus recursos energéticos a movilizarse contra una posible amenaza. Cuando la situación es lo suficientemente grave como para poner en peligro la propia supervivencia del organismo, la cantidad de energía movilizada es muy superior a la movilizada por cualquier otra situación en nuestras vidas. Por desgracia, incluso cuando sabemos que necesitamos descargar la energía excitada, hacerlo no siempre es fácil. Como muchos procesos instintivos, la hiperexcitación no se puede controlar voluntariamente. El siguiente ejercicio es una forma sencilla de confirmar esto por medio de la experiencia.

Ejercicio

Durante los tres escenarios experimentados en el último ejercicio, ¿has imaginado o creado las respuestas en tu cuerpo, o las produjo tu cuerpo como respuesta involuntaria a los escenarios que contemplabas? En otras palabras, ¿has hecho que sucedieran o han sucedido por sí mismas?

Ahora intenta, deliberadamente, que tu cuerpo tenga esta respuesta sin visualizar un escenario amenazador. Utiliza un enfoque directo y comprueba si consigues que tu cuerpo produzca respuestas similares a las experimentadas en esos tres escenarios...

En tus ojos.

En tu postura.

En tus músculos.

En tu nivel de excitación.

Ahora prueba todas las partes de la experiencia a la vez.

Al comparar tu experiencia en este ejercicio con tu experiencia en el anterior, ¿hasta qué punto es similar? ¿Hasta qué punto es diferente?

Al realizar el ejercicio anterior, la mayoría de la gente reproduce la postura física, las contracciones musculares y los movimientos que acompañan a la hiperexcitación hasta cierto punto, aunque generalmente no con el mismo nivel de coordinación y sincronicidad que tiene lugar en la situación real. Es mucho más probable que suceda la excitación interna aumentada si ejecutas todas las partes de la respuesta física a la vez en lugar de una a una. Incluso ponerlas en práctica una a una es más eficaz que decir: «Sistema nervioso, entra en un estado de hiperexcitación». La gran mayoría de la gente no podrá movilizar el mismo nivel de excitación utilizando este tipo de enfoque directo y deliberado. Simplemente no funciona. La hiperexcitación es la respuesta del sistema nervioso a la amenaza, tanto si esa amenaza es interna, externa, real o imaginaria.

A corto plazo, los otros tres componentes que integran el núcleo de la reacción traumática (constricción, disociación e impotencia) operan para proteger el organismo. Estas funciones naturales nos protegen tanto de la amenaza externa que dio origen a la respuesta excitada como de la amenaza interna que se desarrolla cuando la energía excitada no se usa para la defensa activa. Los síntomas del trauma empiezan a desarrollarse como soluciones a corto plazo frente al dilema de la energía no descargada. Al desarrollarse, la constelación de los síntomas se organiza en torno a un tema dominante. No es sorprendente que estos temas sean la constricción, la disociación y la impotencia.

CONSTRICCIÓN

Repasa las notas del primer ejercicio de este capítulo. ¿Cuántas de las respuestas corporales indican algún tipo de constricción, tensión u opresión?

Desde el punto de vista del cuerpo, la constricción es un fenómeno que abarca todo el sistema. Domina nuestra primera experiencia de la amenaza, y afecta fundamentalmente a todas las funciones y partes del cuerpo.

Cuando respondemos a una situación que amenaza nuestra vida, la hiperexcitación viene acompañada en un principio de la constricción en nuestros cuerpos y percepciones. El sistema nervioso actúa para asegurar que todos nuestros esfuerzos pueden concentrarse en la amenaza de forma óptima. La constricción altera la respiración, el tono muscular y la postura de una persona. Los vasos sanguíneos de la piel, las extremidades y las vísceras se contraen, de modo que afluye una mayor cantidad de sangre a los músculos, que se tensan y se preparan para la acción defensiva.

La conciencia perceptiva del entorno también se contrae, de modo que toda nuestra atención se dirige hacia la amenaza. Es una forma de hipervigilancia. Los senderistas que, de pronto, ven a una serpiente de cascabel enroscada en el sendero, frente a ellos, no oirán el murmullo del arroyo o los pájaros que pían en los árboles. No advertirán las delicadas flores silvestres o el patrón intrincado de los líquenes en una roca. Ni pensarán en qué van a comer o si les está dando demasiado el sol. En este momento, su atención se concentrará exclusivamente en la serpiente. Todos hemos oído historias de personas que son capaces de realizar hazañas extraordinarias de valor y fuerza en momentos de peligro. La mujer que es capaz de levantar un coche que ha atrapado a su hijo adolescente mientras este cambiaba el aceite utilizó la energía movilizada por el sistema nervioso para ayudarla a superar y afrontar con éxito una situación posiblemente amenazante. La hiperexcitación y la constricción cooperan para permitirle realizar una tarea que jamás podría ejecutar con éxito en condiciones normales. Si algo la paraliza-ra y permaneciera inactiva en el estado hiperexcitado y constreñido, parte de la energía no resuelta sería canalizada en una hiperexcitación continuada. El resto se utilizaría para mantener la constricción y una miríada de complejos síntomas traumáticos que se organizarían de un modo similar; por ejemplo, hipervigilancia crónica, ansiedad o ata-ques de pánico, o imágenes intrusivas (*flashbacks*, visualizaciones ate-rradoras).

Cuando la constricción no logra concentrar suficiente energía del organismo para que este se defienda a sí mismo, el sistema nervioso se vale de otros mecanismos como la inmovilidad y la disociación a fin de contener la hiperexcitación. La constricción, la disociación y la inmo-vilidad conforman toda una batería de respuestas que el sistema ner-vioso utiliza para afrontar el escenario en el que debemos defendernos a nosotros mismos, pero no podemos.

DISOCIACIÓN

> No temo morir. Pero no quiero estar ahí cuando suceda.
>
> WOODY ALLEN

Con su célebre frase, Woody Allen expresa una descripción bas-tante precisa del papel que desempeña la disociación: nos protege del impacto de la excitación cada vez más intensa. Si el incidente amenazante continúa, la disociación nos protege del dolor de la muerte. En su diario personal, el explorador David Livingstone describe gráficamente su encuentro con un león en las llanuras de África:

Oí un grito. Perplejo, miré alrededor y vi un león a punto de saltar sobre mí. Yo estaba en un pequeño montículo; él me atrapó un hombro en su salto, y ambos rodamos juntos por el suelo. Con unos gruñidos espantosos, me sacudió como un terrier a una rata. El *shock* produjo un estupor similar al que parece sentir un ratón después de la primera sacudida del gato. *Provocó una especie de ensoñación en la que no había dolor ni terror, aunque era muy consciente de lo que estaba sucediendo. Se parecía a lo que describen parcialmente los pacientes bajo la influencia del cloroformo, que presencian la operación, pero no sienten el bisturí. Esta singular condición no era el resultado de un proceso mental. El temblor aniquiló el miedo e impidió la sensación de horror al mirar a la bestia.* Este peculiar estado probablemente se produce en todos los animales que mueren en las fauces de un carnívoro; y si es así, se trata de una decisión piadosa de nuestro benévolo creador para reducir el dolor de la muerte. [La cursiva es mía.]

La mejor forma de definir la disociación es experimentándola. En sus formas más suaves, se manifiesta como una especie de distanciamiento. Al otro lado del espectro, puede evolucionar en un síndrome de personalidad múltiple. Dado que la disociación es una ruptura en la continuidad de la percepción sensible de una persona, casi siempre incluye distorsiones en el tiempo y la cognición. Una variedad leve de este síntoma es la responsable de la experiencia que muchas personas tienen cuando manejan a casa desde el supermercado de la esquina; de pronto llegan a casa y no recuerdan cómo lo han hecho; lo último que recuerdan es salir manejando del supermercado. La disociación también opera cuando dejamos las llaves «en algún lugar» y no podemos recordar dónde. En esos momentos, tal vez reconozcamos tácitamente la ausencia momentánea de percepción sensible con una alusión jocosa al respecto, afirmando que «se nos fue la onda» o estamos «en las nubes»; es decir, nos salimos fuera del cuerpo. Estas son algunas de las formas que adopta la disociación en nuestra vida cotidiana. Entra en nuestra experiencia cuando nos enfrentamos específicamente a una situación amenazante. Imagina que vas manejando tu coche y tomas una curva cerrada en una estrecha carretera de montaña. De pronto, tienes que desviarte para evitar una colisión frontal con un camión. Al derrapar hacia el estrecho acotamiento, observas las imágenes que desfilan en cámara lenta. A continuación, con una calma intrépida, descubres que es otro quien se sale de la carretera, en lugar de afrontar tu propia muerte.

De un modo similar, la mujer violada, el soldado que enfrenta el fuego enemigo o la víctima de un accidente puede experimentar una desconexión fundamental en relación con su cuerpo. Desde una esquina del techo, un niño puede observarse a sí mismo sufriendo una agresión y sentir lástima o indiferencia hacia el pequeño indefenso que hay abajo.

La disociación es uno de los síntomas más clásicos y sutiles del trauma. También es uno de los más misteriosos. El mecanismo a través del cual ocurre esto es más difícil de explicar que la experiencia del mismo o el papel que desempeña. En el trauma, la disociación parece ser un mecanismo privilegiado para permitir que una persona soporte experiencias que en ese instante son insoportables, como ser atacado por un león o un violador, un coche que se dirige hacia nosotros o el bisturí de un cirujano. La disociación puede ser crónica y evolucionar hacia síntomas más complejos cuando la energía de la hiperexcitación no se descarga.

Los individuos que han sufrido traumas reiterados durante la infancia a menudo adoptan la disociación como la mejor forma de estar en el mundo. Se disocian con facilidad y, habitualmente, sin ser conscientes de ello. Incluso los individuos que no se disocian de forma habitual, lo harán al excitarse o al acceder a imágenes o sensaciones traumáticas. En todo caso, la disociación cumple el valioso papel de contribuir a mantener la energía no descargada de la hiperexcitación desconectada de la plenitud de nuestra experiencia. Al mismo tiempo, la disociación interrumpe la continuidad de la percepción sensible, y así impide que las personas traumatizadas trabajen eficazmente en la resolución de sus síntomas traumáticos. La cuestión aquí no es eliminar la disociación, sino ser más conscientes de ella.

Ejercicio

Para entender cómo se percibe la disociación, toma asiento cómodamente en una silla e imagina que estás acostado en una balsa flotando en un lago. Percibe cómo flota tu cuerpo y luego permítete salir flotando suavemente de tu cuerpo. Flota hacia el cielo como un globo que asciende lentamente y obsérvate desde las alturas.

¿Cómo es la experiencia?

¿Qué sucede cuando intentas percibir tu cuerpo?

Muévete entre tu cuerpo y la sensación de flotar para experimentar lo que se siente con la disociación.

Aunque a algunas personas este ejercicio les resulta muy sencillo, para otras es muy difícil. Como hemos dicho antes, los síntomas del trauma se pueden organizar en torno a la constricción o la disociación. No resulta sorprendente que a las personas que favorecen los síntomas disociativos les resulten más asequibles los ejercicios disociativos que a quienes optan por la constricción. Si el ejercicio de flotar te parece difícil, prueba con este otro; quizá te resulte más sencillo.

Ejercicio

Siéntate cómodamente en una silla que sostenga tu cuerpo. Empieza el ejercicio pensando en un lugar en el que te gustaría pasar unas vacaciones largas, divertidas y con todos los gastos pagados. Serán unas vacaciones fabulosas, así que asegúrate de que repasas mentalmente tu geografía para elegir el lugar más idóneo. Ahora fantasea, para alegría de tu corazón:

Diviértete...

Disfruta...

Justo antes de que estés listo para regresar, responde a esta pregunta: ¿dónde estás?

Es posible que hayas elegido tu lugar de vacaciones favorito. Dudo mucho que digas que estás en tu cuerpo. Y si no estás en tu cuerpo, entonces te habrás disociado. Enhorabuena.

Repite el ejercicio para reforzar tu capacidad para reconocer la disociación cuando esta suceda. Recuerda: el objetivo de estos ejercicios no es evitar la disociación. El objetivo es ser capaces de reconocerla cuando tenga lugar. Es posible estar disociado y a la vez ser consciente de lo que ocurre a tu alrededor. Esta conciencia dual es importante para empezar el proceso de curación y reasociación. Si sientes cierta resistencia a aprender cómo funciona esta conciencia dual, puede que tu organismo te envíe una señal de que la disociación desempeña un importante papel en la organización de tus síntomas traumáticos. Si adviertes esta resistencia, respétala y procede con lentitud. Recuérdate de vez en cuando que es posible tener una conciencia dual, y a cada momento te ves intentándolo.

La disociación, tal como se presenta aquí, ocurre de muchas formas; cada una de ellas manifiesta una desconexión fundamental entre la persona y el cuerpo, una parte del cuerpo o una parte de la experiencia. Puede suceder como una división entre:

1. La conciencia y el cuerpo.
2. Una parte del cuerpo, como la cabeza o las extremidades y el resto del cuerpo.
3. El yo y las emociones, pensamientos o sensaciones.
4. El yo y la memoria de parte o de todo el incidente.

El modo en que se manifiesta la disociación influye en el modo en que se desarrollan los síntomas más complejos. Además, parece haber evidencias de que el uso de la disociación como respuesta al trauma depende no solo de la genética sino también de la estructura de la personalidad.

El distanciamiento y el olvido son algunos de los síntomas más obvios que evolucionan a partir de la disociación. Sin embargo, hay otros síntomas que cuesta más atribuir a este fenómeno. Entre ellos encontramos los siguientes:

- La *negación* es, probablemente, una forma de disociación energéticamente más leve. La desconexión se da entre la persona y el recuerdo o las emociones sobre un incidente concreto (o una serie de incidentes). Tal vez neguemos que haya ocurrido un incidente, o finjamos que no es importante. Por ejemplo, cuando muere un ser querido, o resultamos heridos o sufrimos una agresión sexual, podemos actuar como si nada hubiera pasado porque las emociones que acompañan al verdadero reconocimiento de la situación son demasiado dolorosas. Entonces, quizá de repente, nos consume una emoción intensa. La negación da paso al miedo, la ira, la aflicción o la vergüenza cuando las emociones se integran de nuevo y se libera la energía acumulada en la negación. Sin embargo, cuando esta energía es demasiado grande y las emociones son muy dolorosas, la negación puede tornarse crónica; una insistencia «pétrea» en que el incidente nunca tuvo lugar.
- Las *dolencias físicas* son a menudo el resultado de una disociación parcial o compartimentada en la que una parte del cuerpo no está en contacto con las demás. Una desconexión entre la cabeza y el resto del cuerpo puede producir dolores de cabeza. El síndrome premenstrual puede ser el resultado de una desconexión entre los órganos de la región pélvica y el resto del cuerpo. Igualmente, los síntomas gastrointestinales (por ejemplo, el síndrome del colon irritable), los problemas recurrentes de espalda y el dolor crónico pueden ser el resultado de una disociación parcial agravada por la constricción.

La impotencia está íntimamente relacionada con la respuesta primitiva, universal y biológica frente a una amenaza intolerable: la respuesta de inmovilidad. Si la hiperexcitación es el acelerador del sistema nervioso, sentir una impotencia abrumadora es el freno. Quienes hayan leído *La colina de Watership* recordarán cómo los conejos se quedaban paralizados cuando unos faros se les acercaban en la oscuridad. Se trata de la respuesta de inmovilidad; en la novela, los conejos lo llamaban «congelación».

A diferencia del automóvil, en el que el freno y el acelerador están diseñados para operar en momentos diferentes, en una reacción traumática trabajan a la vez. Dado que el sistema nervioso solo reconoce que la amenaza ha pasado cuando la energía movilizada se ha liberado, seguirá movilizando energía indefinidamente hasta que tenga lugar la descarga. Al mismo tiempo, el sistema nervioso reconoce que la cantidad de energía en el sistema es demasiado grande como para que el organismo pueda manejarla y echa el freno de una forma tan drástica que todo el organismo se detiene en seco. Con el organismo completamente inmovilizado, la tremenda energía acumulada en el sistema nervioso se queda contenida.

La impotencia que se experimenta en esas ocasiones no es la ordinaria sensación de desamparo que nos afecta a todos de vez en cuando. La sensación de estar totalmente inmovilizados y sentirnos impotentes no es una percepción, una creencia o un truco de la imaginación. Es real. El cuerpo no se puede mover. Se trata de una impotencia abyecta: una sensación de parálisis tan profunda que la persona no puede gritar, moverse o sentir. De los cuatro componentes clave que conforman el núcleo de la reacción traumática, la impotencia es el que probablemente no habrás experimentado, a menos que hayas sufrido una amenaza abrumadora en tu vida. Sin embargo, este profundo sentimiento de impotencia casi siempre está presente en las primeras fases del «desbordamiento» que se produce como consecuencia de un acontecimiento traumático. Si examinas de cerca tus reacciones a los tres escenarios en el ejercicio al principio del capítulo, podrás identificar una versión muy leve de la impotencia. Cuando el incidente es real y evoluciona de un modo totalmente desastroso, el efecto de la impotencia se amplifica de forma drástica. Más tarde, cuando la amenaza haya pasado, los intensos efectos de inmovilización e impotencia se desvanecerán, pero no del todo. Cuando estamos traumatizados, un eco de este sentimiento de inmovilidad se queda con nosotros.

Como la hiperexcitación y la constricción, la impotencia es un claro reflejo de los procesos fisiológicos que tienen lugar en el cuerpo. Cuando nuestro sistema nervioso pasa a un estado de excitación en respuesta a un peligro, y no podemos defendernos o escapar, la siguiente estrategia que emplea el sistema nervioso es la inmovilización. Casi toda criatura viviente tiene esta respuesta primitiva en su repertorio de estrategias defensivas. En los próximos capítulos volveremos una y otra vez a esta curiosa respuesta. Desempeña un papel fundamental tanto en el desarrollo como en la transformación del trauma.

Y ENTONCES LLEGÓ EL TRAUMA

La hiperexcitación, la constricción, la impotencia y la disociación son respuestas normales frente a una amenaza. Como tales, no siempre desembocan en síntomas traumáticos. Solo cuando son habituales y crónicas aparecen los síntomas. Mientras sigan presentes estas reacciones al estrés, serán el fundamento y el combustible para el desarrollo de los síntomas subsiguientes. Con el paso de los meses, estos síntomas en el núcleo de la reacción traumática empezarán a incorporar características mentales y psicológicas a su dinámica hasta que, en última instancia, alcancen todos los ámbitos de la vida de quien sufre el trauma.

En pocas palabras, en el trauma, el riesgo es elevado. Idealmente, los ejercicios de este capítulo, combinados con otras experiencias que hayas tenido, te ayudarán a identificar cómo se perciben estas reacciones. A medida que se vuelven crónicas, la hiperexcitación, la constricción, la impotencia y la disociación producen una ansiedad tan intensa que puede resultar insoportable. A la larga, los síntomas pueden confluir y desembocar en una ansiedad traumática, un estado que impregna cada momento de la vigilia (y del sueño) de quien sufre el trauma.

Los síntomas que componen el núcleo de la reacción traumática son el modo más seguro de saber que el trauma ha tenido lugar, si es que eres capaz de reconocer las sensaciones que provocan. A medida que la constelación de síntomas se hace progresivamente compleja, siempre estará presente alguna combinación de estos cuatro componentes del núcleo de la reacción traumática. Cuando seas capaz de reconocerlos, estos componentes te ayudarán a distinguir entre los síntomas provocados por el trauma y los que no lo son.

11

Síntomas del trauma

Cuando el sistema nervioso nos prepara para enfrentarnos al peligro, entra en un estado de alta energía. Si somos capaces de descargar esta energía mientras nos defendemos activa y eficazmente de la amenaza (o poco después del incidente amenazador), el sistema nervioso recupera su función normal. Nuestra percepción sensible se sentirá completa, autosatisfecha y heroica. Si la amenaza no se ha afrontado con éxito, la energía permanecerá en nuestro cuerpo. Habremos creado un dilema que se perpetúa a sí mismo. A nivel fisiológico, el cuerpo y la mente trabajan juntos, como un sistema integrado. Sabemos que estamos en peligro cuando percibimos una amenaza externa y nuestro sistema nervioso entra en un estado de gran excitación.

La percepción de una amenaza real indica peligro, al igual que lo hace el estado activado (incluso sin percepción). Te llega el mensaje de que estás en peligro no solo a través de lo que realmente ves (incluso periféricamente), sino a través de las sensaciones que proceden de la experiencia visceral inconsciente de tu estado fisiológico. La persona amenazadora que camina hacia ti emite señales de peligro, pero también lo hace tu cuerpo al responder con un aumento del ritmo cardiaco, la tensión en los músculos abdominales, una conciencia agudizada y constrictiva del entorno inmediato, y un tono muscular (en general) alterado. Cuando la energía de este estado terriblemente activado no se descarga, el organismo llega a la conclusión de que aún sigue en peligro. Esta percepción tiene como efecto que el organismo continúa estimulando el sistema nervioso a fin de mantener y aumentar el nivel de excitación y alerta.

Cuando esto ocurre, se originan los síntomas extenuantes del trauma. El sistema nervioso activa todos sus mecanismos fisiológicos y bioquímicos para afrontar la amenaza, pero no puede sostener el elevado grado de excitación sin la oportunidad o los medios para responder eficazmente. Por sí solo, el sistema nervioso es incapaz de descargar la energía. Esto crea un ciclo de activación que se perpetúa a sí mismo y que, si continúa indefinidamente, sobrecargará el sistema. Para recuperar el equilibrio, el organismo debe encontrar la forma de evadirse del ciclo creado por la percepción de peligro y la consiguiente excitación. Si no lo consigue, se abre paso a la patología y al debilitamiento, ya que el organismo compensa su estado de excitación por medio de manifestaciones que ahora reconocemos como síntomas del trauma.

SÍNTOMAS

El sistema nervioso compensa este estado de excitación que se perpetúa a sí mismo activando una cadena de adaptaciones que acabarán por hacer confluir y organizar la energía en forma de «síntomas». Estas adaptaciones funcionan como una válvula de seguridad del sistema nervioso. Los primeros síntomas del trauma suelen aparecer poco después del acontecimiento que los engendró. Otros se manifestarán con el tiempo. Como he mencionado anteriormente, los síntomas del trauma son un fenómeno energético que sirve al organismo proporcionando una forma organizada de gestionar y encauzar la tremenda energía contenida tanto en la respuesta original a la amenaza como en la respuesta autoperpetuada.

Debido al carácter único de la experiencia de cada individuo, sería imposible compilar una lista completa de todos los síntomas conocidos del trauma. Sin embargo, hay síntomas que son indicativos del trauma porque son comunes a la mayoría de los individuos traumatizados. A pesar de la enorme diversidad de posibilidades, el sistema nervioso parece privilegiar determinados síntomas.

En general, es más probable que algunos síntomas traumáticos aparezcan antes que otros. En el último capítulo hemos hablado de los que se manifiestan en primer lugar (el núcleo de la reacción traumática):

- Hiperexcitación.
- Constricción.
- Disociación (incluyendo la negación).
- Sentimiento de impotencia.

Otros síntomas tempranos que empiezan a aflorar al mismo tiempo o poco después de los anteriores son:

- Hipervigilancia (estar constantemente «en alerta»).
- Visiones o *flashbacks* intrusivos.
- Sensibilidad extrema a la luz y al sonido.
- Hiperactividad.
- Respuestas emocionales y aprensivas exageradas.
- Pesadillas y terrores nocturnos.
- Cambios de humor repentinos: por ejemplo, reacciones de ira o berrinches, vergüenza.
- Reducción de la capacidad para afrontar el estrés (la persona se estresa fácilmente y con frecuencia).
- Trastornos del sueño.

Muchos de estos síntomas también pueden manifestarse en la siguiente fase de desarrollo, así como en la última. La lista no ha sido elaborada con fines diagnósticos, sino que es una guía para ayudarte a comprender el comportamiento de los síntomas del trauma. Estos son los síntomas que tienden a manifestarse en la siguiente fase de desarrollo:

- Ataques de pánico, ansiedad y fobias.
- «Vacío» o «ausencia» mental.
- Respuesta aprensiva exagerada.
- Sensibilidad extrema a la luz y al sonido.
- Hiperactividad.
- Respuestas emocionales exageradas.
- Pesadillas y terrores nocturnos.
- Conductas de evitación (evitar ciertas circunstancias).
- Atracción por situaciones peligrosas.
- Llanto frecuente.
- Cambios de humor bruscos: por ejemplo, reacciones de ira o berrinches, vergüenza.
- Actividad sexual exagerada o disminuida.
- Amnesia y fallos de memoria.
- Incapacidad para amar, cuidar o relacionarse con otros individuos.
- Miedo a morir, a enloquecer o a tener una vida breve.
- Capacidad reducida para afrontar el estrés (el individuo se estresa fácilmente y con frecuencia).
- Trastornos del sueño.

El último grupo de síntomas son aquellos que, en líneas generales, tardan más tiempo en presentarse. En la mayoría de los casos vienen precedidos por algunos de los síntomas más tempranos. Quizás hayas advertido que algunos síntomas aparecen en las tres listas. No hay una regla fija que determine qué síntomas escogerá el organismo ni cuándo decidirá manifestarlos. Recuerda: ninguna de estas listas es exhaustiva. Los síntomas que normalmente aparecen en último lugar son los siguientes:

- Timidez excesiva.
- Respuestas emocionales débiles o disminuidas.
- Incapacidad para comprometerse.
- Fatiga crónica o bajo nivel de energía física.

- Problemas del sistema inmunitario y algunos problemas endocrinos, como la disfunción de la tiroides.
- Enfermedades psicosomáticas, en especial dolor de cabeza, problemas de cuello y espalda, y síndrome premenstrual severo.
- Depresión, sensación de catástrofe inminente.
- Sensación de desapego, alienación y aislamiento; «muerte en vida».
- Perdida de interés por la vida.
- Miedo a morir, a enloquecer o a tener una vida breve.
- Llanto frecuente.
- Cambios de humor drásticos; por ejemplo, reacciones de ira o berrinches, vergüenza.
- Actividad sexual exagerada o disminuida.
- Amnesia y fallos de memoria.
- Conducta y sentimiento de impotencia.
- Incapacidad para amar, cuidar o vincularse a otros individuos.
- Trastornos del sueño.
- Capacidad reducida para afrontar el estrés e idear planes.

Obviamente, no todos estos síntomas son provocados exclusivamente por el trauma, ni alguien que presente uno o más de estos síntomas está traumatizado. La gripe, por ejemplo, puede causar malestar y molestias abdominales similares a los síntomas traumáticos. Sin embargo, hay una diferencia: los síntomas producidos por la gripe desaparecen, por norma general, a los pocos días; los síntomas del trauma permanecen. Pueden ser estables (permanentes), inestables (vienen y van) o permanecer ocultos durante décadas. Normalmente, estos síntomas no se presentan individualmente, sino en constelaciones. Es habitual que estos «síndromes» se vuelvan más complejos con el tiempo, desvinculándose progresivamente de la experiencia original del trauma. Aunque ciertos síntomas pueden sugerir un tipo particular de trauma, ningún síntoma es un indicador exclusivo del trauma que lo causó. Las personas manifestarán los síntomas traumáticos de forma diversa, en función de la naturaleza y la severidad del acontecimiento, el contexto en el que tuvo lugar y los recursos personales y evolutivos de los que disponía el individuo al vivir la experiencia.

GIRANDO SIN PARAR

Relajarme me pone nervioso.

Anónimo

Como he mencionado reiteradamente, la percepción de la amenaza en presencia de la excitación no descargada crea un ciclo que se perpetúa a sí mismo. Una de las características más insidiosas de los síntomas del trauma es que se someten de tal forma al ciclo original que también se perpetúan a sí mismos. Esta característica es la razón fundamental por la que el trauma es resistente a la mayoría de los tratamientos. Para algunas personas, este ciclo autoperpetuado mantiene estables sus síntomas. Otras personas desarrollan una o varias predisposiciones o conductas adicionales (todas ellas podrían considerarse síntomas traumáticos) para ayudar al sistema nervioso a mantener la situación bajo control.

Conductas de evitación. Los síntomas del trauma son la forma en que el organismo se defiende de la excitación generada por la percepción omnipresente de la amenaza. Sin embargo, este sistema de defensa no es lo suficientemente sofisticado para soportar mucho estrés. El estrés hace que el organismo colapse, con lo cual se libera la energía de la excitación original y su mensaje de peligro. Por desgracia, cuando vivimos con las secuelas del trauma, evitar las situaciones estresantes no es suficiente para impedir el colapso de los sistemas de defensa. Si ignoramos la excitación, nuestro sistema nervioso la creará por su cuenta. Cuando esto sucede, no podemos recuperarnos de los impactos de las frustraciones cotidianas tan fácilmente como podríamos hacerlo si nuestro sistema nervioso tuviera libertad para funcionar con plena normalidad.

Las circunstancias ordinarias pueden perturbar la delicada organización energética en el sistema nervioso del individuo traumatizado. Una persona traumatizada puede desarrollar las denominadas «conductas de evitación» para mantener a raya la excitación subyacente. Las conductas de evitación son un tipo de síntoma traumático en la que limitamos nuestro estilo de vida a situaciones que no resultan potencialmente activadoras. Si tememos tener otro accidente, tal vez seamos reacios a manejar. Si la excitación de un partido de fútbol desencadenó un ataque de pánico, los partidos de fútbol pueden resultar de repente menos atractivos. Si durante un encuentro sexual nos asaltan los *flashbacks*, esto producirá una disminución del interés en el sexo. Todo acontecimiento que provoca un cambio en nuestros niveles de energía habitual tiene potencial para desencadenar emociones y sensaciones incómodas. Gradualmente, nuestra vida se tornará cada vez más constreñida mientras intentamos evitar las circunstancias que podrían provocar el cambio en el equilibrio habitual de la energía.

Miedo a lo que se conoce como emoción negativa. Cuando se altera el equilibrio energético habitual, empezamos a revivir el incidente. Al llegar a este punto, la cuestión se vuelve más complicada porque lo que estamos experimentando se debe, en parte, a la confusión sobre la naturaleza de la energía liberada.

En su forma pura, la energía generada por nuestro sistema nervioso para protegernos del peligro es vital. La sentimos como algo vivo y estimulante. Cuando esta energía queda bloqueada en un intento de protegernos, una parte significativa de la misma es canalizada de nuevo y se convierte en miedo, rabia, ira y vergüenza, que integran la constelación de síntomas que se desarrollan para organizar la energía no descargada. Estas emociones «negativas» están íntimamente asociadas a la propia energía vital, así como al resto de síntomas que forman el cúmulo de secuelas traumáticas.

Cuando sufrimos un trauma, la asociación entre la energía vital y las emociones negativas es tan estrecha que no podemos distinguir entre ellas. La descarga es precisamente lo que necesitamos, pero cuando se inicia, el efecto puede ser aterrador e intolerable, en parte debido a que la energía liberada se percibe como negativa. Debido a este miedo, tendemos a suprimir la energía o, en el mejor de los casos, a descargarla de un modo incompleto.

Terapia farmacológica y abuso de sustancias. Otro medio por el que las personas traumatizadas pueden intentar estabilizar o suprimir los síntomas es la terapia farmacológica. A menudo probamos este enfoque por recomendación de un médico, o intentamos automedicarnos (abuso de sustancias).

Al margen del medio de estabilización que empleemos, nuestro propósito es crear un entorno estable. Esta hazaña precisa un recipiente que sea, energéticamente hablando, lo bastante fuerte para que los síntomas del trauma no se agudicen ni se sientan amenazados. Estos recipientes son como diques. Deben diseñarse lo suficientemente bien como para prevenir la liberación de un miedo apabullante y de una rabia primitiva e incontrolable. Quienes padecen un trauma suelen encontrarse atrapados en una rutina sobre la que no tienen ningún control. Tal vez nos veamos empujados a evitar situaciones que evoquen tanto una excitación como una relajación auténticas, porque cualquiera de ellas podría perturbar el equilibrio que nuestros síntomas necesitan para mantener su estabilidad.

SALIR DEL BUCLE

Hay formas de salir de estos ciclos que se autoperpetúan. Somatic Experiencing es una de ellas. Al aprender a definir el trauma a través de sus síntomas, y no a partir del acontecimiento que lo ha causado, cultivaremos nuevas perspectivas que nos ayuden a reconocer el trauma cuando este ocurra. Esto nos permitirá fluir con nuestras respuestas naturales en lugar de bloquear el proceso innato de curación.

El camino de regreso a la salud y la vitalidad es cualquier cosa menos inmediato. Cualquier paso, por pequeño que sea, es significativo y notable. A diferencia de muchos otros viajes que emprendemos en el curso de nuestro crecimiento y desarrollo, este tiene una meta: una resolución que nos aporta riqueza y plenitud. La vida ya es bastante difícil cuando gozamos de salud y vitalidad. Cuando el trauma nos fragmenta, puede resultar insoportable. Como veremos en próximos capítulos, cada pequeño paso hacia la plenitud se convierte en un recurso que puede utilizarse para mejorar y reforzar la sanación que tendrá lugar al armonizarnos con nuestro yo natural.

Hay una forma de recuperar el control sobre nuestro cuerpo que perdemos cuando las secuelas traumáticas devienen crónicas. Es posible estimular deliberadamente el sistema nervioso a fin de que se excite, y a continuación descargar suavemente esa excitación. Recuerda: la hiperexcitación y sus mecanismos aliados son un resultado directo de la energía movilizada involuntariamente por el sistema nervioso, específicamente en respuesta a una amenaza. Estos mecanismos se originan en el sistema nervioso; los experimentas en tu cuerpo. Y será en tu cuerpo —con el sistema nervioso a pleno rendimiento y a través de la percepción sensible— donde trabajarás exitosamente con ellos.

12

La realidad de una persona traumatizada

La premisa de este libro es que el trauma forma parte de un proceso fisiológico natural al que, simplemente, no se le ha permitido que concluyera. No deriva de la personalidad del individuo, al menos no inicialmente.

En el capítulo diez veíamos cómo los cuatro síntomas básicos del trauma (hiperexcitación, constricción, disociación e impotencia) son directamente atribuibles a los cambios fisiológicos que tienen lugar cuando nos sentimos desbordados al responder a un incidente amenazador. En este capítulo examinaremos la experiencia de estos síntomas.

La amenaza que no podemos encontrar

Pocos síntomas ofrecen más pistas sobre la experiencia traumática que la hipervigilancia. La hipervigilancia es una manifestación directa e inmediata de la hiperexcitación, que es la respuesta inicial frente a la amenaza. Su efecto en la respuesta de orientación es especialmente lesivo, al preparar al individuo traumatizado para una experiencia constante de miedo, parálisis y victimización.

La hipervigilancia surge cuando la hiperexcitación que acompaña a la respuesta inicial al peligro activa una versión amplificada y compulsiva de la respuesta de orientación. Esta respuesta de orientación distorsionada es tan apremiante que el individuo se siente visceralmente empujado a identificar la fuente de la amenaza, aunque se trate de una respuesta frente a la excitación interna en lugar de algo percibido en el entorno externo.

Cuando la excitación continúa (porque la descarga resulta demasiado amenazadora), nos encontramos en una situación sin salida. Nos sentimos obligados a encontrar la fuente de la amenaza, pero la compulsión se genera internamente y aunque identifiquemos la fuente externa de peligro, la actitud de hipervigilancia compulsiva persistirá, porque la excitación interna aún está presente. Insistiremos en descubrir la fuente de la amenaza (¿dónde está?) e identificarla (¿qué es?), porque eso es lo que la primitiva respuesta de orientación está programada para hacer cuando el sistema nervioso entra en un estado de excitación. Lo que ocurre es que, a menudo, no hay ninguna amenaza que descubrir.

La hipervigilancia se convierte en una de las formas en que gestionamos el exceso de energía derivado de una defensa fallida contra una amenaza original. Recurrimos a la hipervigilancia para canalizar parte de esa energía a los músculos de la cabeza, del cuello y de los ojos en la búsqueda obsesiva del peligro. Cuando se combina con la excitación interna que aún está presente, nuestro cerebro racional puede tornarse irracional. Empieza a buscar y a identificar fuentes externas de peligro. Esta práctica inadaptada canaliza buena parte de la energía hacia una actividad específica que se volverá progresivamente más repetitiva y compulsiva. En el estado de hipervigilancia, todo cambio (incluidos aquellos que tienen lugar en nuestros estados internos) se percibe como una amenaza. Lo que puede parecer una paranoia infundada, en realidad podría ser nuestra interpretación de la excitación sexual o incluso el efecto de la cafeína en un refresco.

A medida que la respuesta de inmovilidad arraiga progresivamente, la tendencia a la hipervigilancia y la defensa se hace más fuerte. Las personas hipervigilantes se adaptan a un estado permanente de alerta intensa, e incluso puede que adopten un aspecto ligeramente furtivo o temeroso, amedrentado, debido a esta vigilancia constante. Hay una creciente tendencia a ver peligro donde no lo hay, y una mermada capacidad para experimentar curiosidad, placer y la alegría de vivir. Todo esto sucede porque en nuestro fuero interno no nos sentimos a salvo.

En consecuencia, siempre estaremos alerta, listos para activar una respuesta defensiva, pero incapaces de ejecutarla coherentemente. Buscamos compulsivamente la amenaza que no podemos encontrar, aun cuando tengamos delante una real. El sistema nervioso puede llegar a activarse tanto que no podamos desactivarlo fácilmente. Como resultado, los ritmos conductuales y fisiológicos (por ejemplo, el sueño) podrían verse alterados. Seremos incapaces de relajarnos y descansar, incluso en aquellos momentos en los que nos sentimos lo suficientemente a salvo como para ello.

La señora Thayer

La señora Thayer, un personaje de *The Wind Chill Factor*, un relato breve de M. F. K. Fisher, aporta un ejemplo vívido y preciso de cómo opera la hipervigilancia. La señora Thayer es una doctora que se queda sola en la casa de verano que tiene un amigo junto al mar, durante una severa ventisca invernal. Ella «se siente cómoda y caliente, y aparentemente no le preocupan las posibles consecuencias de la tormenta cuando se va a dormir. Antes del amanecer despierta cruelmente al mundo consciente, como si la hubieran arrastrado por su largo cabello». Siente su corazón latir en el cuello. Su cuerpo arde, pero sus manos están frías y viscosas. Se encuentra en un estado de puro pánico. No tiene nada que ver, razona ella, con el miedo físico. «No le daba miedo estar sola o pasear entre las dunas durante la tormenta. No temía un ataque físico, una violación, todo eso... Simplemente, el pánico la atenaza.» La señora Thayer lucha contra el abrumador deseo de irse diciéndose a sí misma: «Es aquí [en la casa] donde sobreviviré, porque si salgo gritando a través de las dunas, el viento y las olas acabarán conmigo».

Es evidente que el pánico de Thayer tiene un origen interno. Parafraseando a Dostoievski en *Memorias del subsuelo*, nadie puede vivir sin ser capaz de explicarse a sí mismo lo que le está pasando, y si algún día no es capaz de explicárselo, dirá que se ha vuelto loco, y esta será la única explicación que le quede. El sentimiento de Dostoievski se refleja en el psicólogo contemporáneo Philip Zimbardo, que escribe lo siguiente: «La mayor parte de las enfermedades mentales no representan un deterioro cognitivo, sino [el intento de] una interpretación de estados internos discontinuos o inexplicables». La mayoría de las personas considera que las experiencias inexplicables son algo que debe explicarse.

La necesidad de la señora Thayer de encontrar la fuente de su pánico es una respuesta biológica normal frente a una intensa excitación interna. De hecho, el propósito de la respuesta de orientación es identificar los aspectos desconocidos de nuestra experiencia. Esto es especialmente importante cuando lo desconocido puede resultar una amenaza. Cuando somos incapaces de identificar correctamente aquello que nos amenaza, quienes sufren un trauma preparan, sin quererlo, su propia trampa.

Como bien señalan Dostoievski y Zimbardo, a los seres humanos nos cuesta mucho aceptar que, sencillamente, resulta imposible explicar algunos aspectos de nuestra experiencia. En cuanto se invoca la primitiva respuesta de orientación, nos sentimos obligados a buscar una explicación. Si no la encontramos, no solemos recurrir a nuestras poderosas habilidades cognitivas para reconocer lo que está pasando. Aun si somos capaces de pensar con claridad, nuestra capacidad cognitiva no puede anular completamente la necesidad primitiva de identificar la fuente de nuestra angustia. Si, en cambio, el cuerpo y la mente logran ubicar la fuente de su angustia (como en el ejemplo de Nancy en el capítulo dos), la necesidad primitiva de identificar alguna fuente de peligro queda satisfecha. Surgirá entonces una respuesta defensiva natural y exitosa para completar la experiencia. Para muchos de nosotros, este es un paso de gigante hacia la curación del trauma.

Sin embargo, solemos utilizar nuestra capacidad cognitiva para ir más allá: para llegar a una explicación de la situación y darle un nombre (o recordarlo). Al actuar así, nos distanciamos aún más de la experiencia. En ese distanciamiento, las semillas del trauma encuentran un terreno fértil para echar raíces y crecer. El animal incapaz de descubrir la fuente de excitación se quedará inmóvil y no huirá. Cuando la respuesta de inmovilidad empieza a imponerse al impulso extremo de huir de la señora Thayer, ella racionaliza (a través de su neocórtex) que morirá si intenta escapar de la casa. No solo carece de una explicación para su extrema excitación fisiológica, sino que también se crea su propio dilema al autoconvencerse de que morirá si escapa. La señora Thayer, inducida por el miedo, cae entonces en la rígida trampa de inmovilidad que se ha construido ella misma.

Como los niños de Chowchilla (capítulo dos), a la señora Thayer le da más miedo huir que quedar atrapada. Su neocórtex intenta «explicar» en vano, mientras su cerebro reptiliano la empuja a «actuar. Sometida por el terror y la confusión autodestructiva, la señora Thayer acabará concentrándose en su respiración desenfrenada y excluirá todo lo demás. Cuando por fin deja a un lado su necesidad de comprender, permite a su cerebro reptiliano completar su curso de acción: descargar la extraordinaria energía acumulada en el interior de la señora Thayer. No nos explican por qué la energía está ahí. Tal vez ni siquiera la señora Thayer lo sepa conscientemente. Por suerte para ella (y para nosotros), no tiene importancia. Al concentrarse en la percepción sensible de su propia respiración, la señora Thayer puede descargar la energía que originó su ataque de pánico.

IMPOSIBILIDAD DE SINTETIZAR NUEVA INFORMACIÓN, IMPOSIBILIDAD DE APRENDER

Un rasgo inherente de la hipervigilancia es la ausencia de respuestas de orientación normales (capítulo siete). En el caso de las personas traumatizadas, esto tiene graves implicaciones. En primer lugar, deteriorará nuestra capacidad general para funcionar eficazmente en cualquier situación, no solo en aquellas que requieren una defensa activa. Parte de la función de la respuesta de orientación consiste en identificar nueva información a medida que somos consciente de ella. Si esta función se ve deteriorada, cualquier información nueva producirá sobrecarga y confusión. En lugar de asimilarse y estar disponible para su uso futuro, la nueva información tiende a acumularse. Se convierte en información desorganizada e inútil. Olvidamos o extraviamos fragmentos importantes de información. Entonces, la mente se vuelve incapaz de organizar los detalles de forma coherente. En lugar de retener la información que no tiene sentido, la mente la «olvida». En medio de esta confusión, cualquier otro problema agravará la situación y las circunstancias ordinarias podrán convertirse rápidamente en una pesadilla nada divertida de frustración, ira y ansiedad.

Por ejemplo, si se va la luz mientras intento ansiosamente poner en orden los papeles que tengo en el escritorio, no podré tomarme con serenidad este acontecimiento inesperado. Doy un salto cuando cruza por mi mente el pensamiento irracional de que alguien está intentando entrar en mi casa. Me doy cuenta de que, probablemente, eso no está ocurriendo, pero con mis movimientos nerviosos he tirado al suelo un montón de papeles que había ordenado y apilado con cuidado. Presa de un repentino arranque de ira irracional, gasto mi energía golpeando el escritorio con rabia y frustración. Me asaltan pensamientos inútiles: ¿Está cerrada la puerta trasera? ¿Quién se suponía que tenía que pagar el recibo de la luz? *Pouncer*, mi perro, ¿está dentro o fuera? Encuentro cerillos y prendo uno, con lo que se ilumina tenuemente el desordenado escritorio. ¿Dónde está el recibo de la luz? Mi atención decae; me olvido de que el cerillo está encendido y lo suelto cuando me quema los dedos. Mis papeles empiezan a arder. Me invade el terror y me siento paralizado, incapaz de hacer nada al respecto. Segundos después, recupero cierta capacidad para moverme, pero la inmovilidad ha afectado a mi coordinación motora. Doy manotazos torpes e ineficaces a las llamas. Al ser consciente del peligro que entraña mi falta de coordinación, me desespero aún más y caigo en la cuenta, demasiado tarde, de que en mi frenesí por controlar la situación, he utilizado el único borrador acabado de mi libro para apagar las llamas. Finalmente, estas se extinguen por sí solas. Mi intento de ordenar mi desastroso escritorio vuelve a primer plano. ¿Qué son todos estos papeles? ¿Los he puesto yo aquí? ¿Dónde está el recibo de la luz? Soy incapaz de asumir las implicaciones de lo que voy encontrando, y aunque a menudo mis amigos y otras personas me han ofrecido sus consejos para mejorar mi organización, sigo actuando igual que siempre. ¿Qué otra cosa puedo hacer? En este estado soy incapaz de aprender, incapaz de adquirir nuevas conductas; incapaz de salir de los extenuantes patrones que acabarán por dominar mi vida. Sin la capacidad para aprender nuevas conductas, planificar o sintetizar nueva información, me veo privado de las opciones que podrían ayudarme a reducir el desorden que amenaza con apoderarse de mi vida.

IMPOTENCIA CRÓNICA

El estado de impotencia crónica tiene lugar cuando las respuestas de orientación, inmovilidad y defensa están tan arraigadas y debilitadas que avanzan fundamentalmente a través de vías predeterminadas y disfuncionales. La impotencia crónica se une a la hipervigilancia y a la incapacidad para aprender nuevas conductas como otro elemento común de la realidad de las personas traumatizadas.

A medida que la impotencia pasa a ser un aspecto habitual en su vida, les resultará muy difícil comportarse de tal manera que no se refleje esa impotencia.

Todas las víctimas de un trauma experimentan el fenómeno de la impotencia crónica en menor o mayor medida. En consecuencia, les resulta muy difícil implicarse plenamente, sobre todo en situaciones nuevas. Para quienes hemos experimentado la impotencia y nos hemos identificado con ella, toda huida o movimiento de avance es prácticamente imposible. Nos convertimos en víctimas de nuestros propios pensamientos y de nuestra autoimagen. Cuando nuestra fisiología responde con excitación frente a un evento o estímulo, no activamos una respuesta de orientación o defensa, como lo haría un ser humano sano. Por el contrario, pasamos directamente de la excitación a la inmovilidad y la impotencia, sorteando nuestras otras emociones, así como la secuencia normal de respuestas. Nos convertimos en víctimas que esperan ser victimizadas una y otra vez.

Sin acceso a las respuestas normales de orientación, cuando nos sentimos amenazados somos incapaces de escapar con éxito incluso cuando la situación nos ofrece esa posibilidad. Es posible que ni siquiera la veamos. La excitación está tan fuertemente ligada a la inmovilidad que resulta imposible separarlas. La excitación conduce a la inmovilidad, y punto. Cada vez que nos excitamos, nos sentimos automáticamente inmovilizados e impotentes. Y lo estamos. Tal vez la adrenalina nos dé fuerzas y seamos físicamente capaces de correr, pero el sentimiento de impotencia es tan intenso que no podemos encontrar una salida y escapar. Este escenario suele darse en las relaciones obsesivas; tal vez sepamos que queramos dejarlas, pero el miedo y la inmovilidad anulan nuestra conexión más primitiva con el entorno, y a pesar nuestro, permanecemos en ellas. En lugar de las respuestas normales de orientación y defensa (y la alegría y vitalidad que se desprenden de ellas), experimentamos ansiedad, una profunda impotencia, vergüenza, confusión, depresión y despersonalización.

ACOPLAMIENTO TRAUMÁTICO

En el acoplamiento traumático, un estímulo está poderosamente vinculado a una respuesta concreta y juntos anulan las conductas normales de orientación. El estímulo emplea una respuesta específica. Sin excepción, somos prácticamente incapaces de experimentar cualquier otro resultado. Por ejemplo, cuando a las personas que no sufren un trauma se les administra yohimbina, tan solo aumenta su ritmo cardiaco y la presión arterial. Sin embargo, en veteranos que sufren de estrés postraumático, el medicamento induce una reacción diferente. Los veteranos vuelven a experimentar el terror y los horrores del campo de batalla en lugar de experimentar sensaciones físicas. Esto es indicativo del acoplamiento traumático. Para los veteranos, la excitación y las emociones que acompañan a la respuesta de inmovilidad (terror, horror, ira e impotencia) son inseparables.

Un ejemplo común de acoplamiento traumático ocurre cuando los individuos traumatizados sienten pánico al excitarse sexualmente. La excitación sexual produce pánico, inmovilidad e impotencia, en vez de un intenso placer. Esto puede llevar a la gente a creer que han sufrido abusos sexuales cuando, en realidad, su reacción se debe al acoplamiento traumático.

ANSIEDAD TRAUMÁTICA

> Y ningún Gran Inquisidor tiene preparadas torturas tan terribles como la ansiedad [...] que jamás le deja escapar, ni por medio de la diversión o el ruido, ni en el trabajo o el ocio, ni de día ni de noche.
>
> SØREN KIERKEGAARD, filósofo danés

El estado de excitación que no desaparecerá, la constante sensación de peligro, la incesante búsqueda de ese peligro, la incapacidad para encontrarlo, la disociación, el sentimiento de impotencia: todos estos elementos, unidos, conforman la ansiedad traumática. Cuando somos incapaces de superar la respuesta de inmovilidad, el mensaje biológico resultante es: «Tu vida pende de un hilo». Esta sensación de muerte inminente se ve intensificada por las emociones de ira, terror, pánico e impotencia. Todos estos factores se combinan para producir un fenómeno conocido como ansiedad traumática.

En inglés, la palabra «miedo» (*fear*) procede de un viejo término utilizado para designar peligro, y «ansioso» deriva de una palabra de raíz griega que significa «apretar» o estrangular.

La experiencia de la ansiedad traumática es profunda. Va mucho más allá de la experiencia que normalmente equiparamos a la ansiedad. El elevado estado de excitación, los síntomas, el miedo a salir o a entrar plenamente en el estado de inmovilidad, así como la inquietante conciencia de que algo va mal, producen un estado casi constante de ansiedad extrema. Esta ansiedad es el telón de fondo de toda experiencia en la vida de la persona gravemente traumatizada. Así como somos más conscientes del agua que de los peces que nadan en ella, la ansiedad puede resultar más evidente para quienes rodean a las personas traumatizadas que para sí mismas. La ansiedad traumática se manifiesta en forma de excitación, inquietud y preocupación, y la persona adopta la apariencia de ser «muy nerviosa». Quien la sufre suele experimentar pánico, temor y reacciones excesivas a acontecimientos triviales. Estos trastornos no son elementos permanentes de la personalidad; más bien son indicadores de un sistema nervioso temporalmente sobrecargado.

Síntomas psicosomáticos

Los síntomas traumáticos no solo afectan a nuestro estado mental y emocional, sino también a nuestra salud física. Cuando no se encuentra ninguna causa para una enfermedad física, hay que pensar en el estrés y el trauma. Un trauma puede provocar ceguera, mudez o sordera; puede provocar parálisis en piernas, en brazos, o en ambos; puede provocar dolor crónico en cuello y espalda, síndrome de fatiga crónica, bronquitis, asma, problemas gastrointestinales, síndrome premenstrual severo, migrañas y todo un conjunto de dolencias psicosomáticas. Cualquier sistema físico capaz de alojar la energía no descargada que origina el trauma es un blanco fácil. La energía atrapada aprovechará cualquier aspecto de nuestra fisiología que tenga a su alcance.

NEGACIÓN

Muchos individuos que sufren un trauma viven en un estado de resignación en relación con sus síntomas, sin ni tan siquiera intentar encontrar un camino hacia una vida normal y saludable. La negación y la amnesia desempeñan un papel importante en el refuerzo de este estado de resignación. Aunque podemos sentir la tentación de juzgar o criticar a quienes niegan haber sufrido un trauma (y afirman que en realidad no ha pasado nada), es importante recordar que esto es, en sí mismo, un síntoma. La negación y la amnesia no son decisiones voluntarias que toma la persona; no indican debilidad de carácter, ni una disfunción de la personalidad, ni una deshonestidad deliberada. Esta actitud disfuncional se convierte en un patrón fisiológico. Cuando se produce el acontecimiento traumático, la negación ayuda a preservar la capacidad de funcionar y sobrevivir. Sin embargo, al cronificarse, la negación se transforma en un síntoma inadaptado del trauma.

Invertir los efectos de la negación o de la amnesia exige mucho valor. La cantidad de energía que se libera cuando esto sucede puede ser tremenda, y no habría que minimizarla ni subestimarla. Es un momento muy significativo para el individuo traumatizado.

GLADYS

La historia de Gladys puede parecer ridícula, pero es verídica y entra dentro del rango de experiencias que podemos esperar de la negación clásica. El proceso de superación de la negación o de la amnesia puede facilitarse con el apoyo de la familia, los amigos y los terapeutas, pero el momento adecuado para este despertar es una cuestión puramente biológica y fisiológica.

Gladys llegó a mi consulta tras ser derivada por su médico, que la trataba de problemas de tiroides. Su internista era incapaz de encontrar una causa física para sus ataques recurrentes de dolor abdominal agudo. En la primera consulta, me sorprendió su apariencia intensa, temerosa y vigilante. Parecía que se le fueran a salir los ojos de las órbitas, un indicador clásico no solo de hipertiroidismo, sino también de miedo e hipervigilancia crónica. Le pregunté si sentía miedo y si había sufrido algún trauma. Me dijo que no.

Consciente de que a veces las personas niegan el trauma, reformulé mi pregunta y le pregunté si en los últimos cinco años había experimentado algo especialmente aterrador o inquietante. Volvió a responder negativamente. En un intento por que se sintiera cómoda, le comenté que un estudio reciente había descubierto que un gran porcentaje de la población había vivido una experiencia aterradora en los últimos cinco años.

—Oh, ¿de veras? —respondió ella—. Bueno, a mí me secuestraron hace unos años. Pero no fue tan aterrador.

—¿Ni siquiera un poco?

—No, realmente no.

—¿Qué sucedió?

—Bueno, estaba esquiando con unos amigos en Colorado e íbamos a salir a cenar. Un hombre se paró junto a mí, abrió la puerta del coche y yo subí. Pero no se dirigió al restaurante.

—¿Tuviste miedo entonces?

—No, era un fin de semana de esquí.

—¿Adónde te llevó?

—Me llevó a su casa.

—¿Y no sentiste miedo cuando, en lugar de ir al restaurante, te llevó a su casa?

—No, no sabía por qué me había llevado allí.

—¿Y qué pasó entonces?

—Me ató a su cama.

—¿Eso te asustó?

—No, en realidad no pasó nada. Se limitó a amenazarme. Bueno, tal vez sí estaba un poco asustada. Había todo tipo de cuchillos y armas colgando de las paredes.

—¿Y no estabas realmente asustada?

—No, no pasó nada.

Gladys se fue ese día con un semblante aparentemente tranquilo. Su afirmación de que no había tenido miedo durante su secuestro o en algún otro momento aún dominaba su experiencia. No regresó.

Aunque extrema, la historia de Gladys es típica de la negación. La negación mantiene a la persona traumatizada bajo sus garras hasta que los procesos primitivos que custodian el sistema deciden liberarla. Podemos salir de la negación porque nos sentimos seguros, porque otro acontecimiento desencadena un «recuerdo» o porque nuestra biología dice «¡basta!». Aunque hay cosas que los amigos, los seres queridos y los terapeutas pueden hacer para ayudar (por ejemplo, intervenir), la sensibilidad para descubrir el momento idóneo es fundamental para el éxito de estos planteamientos.

EXPECTATIVAS DE LOS SUPERVIVIENTES DEL TRAUMA

La joven cuyo padre abusa de ella se queda paralizada en la cama porque le resulta imposible huir del terror y la vergüenza de la experiencia. Al verse frustrada su respuesta de defensa activa, la capacidad de la joven para orientarse frente a estímulos normales cambiará. Ya no responderá con curiosidad y esperanza. Sus actos estarán limitados y paralizados por el miedo. El sonido de pasos, frente a los que un niño o niña «normal» se orienta con una expectativa alerta, evoca un terror paralizante en la pequeña que ha sufrido el incesto.

Cuando el incesto es constante, la niña responde entrando en un estado de parálisis e inmovilidad. Sin embargo, en los niños que son amenazados, la inmovilidad pasa a ser un síntoma disfuncional de su trauma. Los niños se convierten en víctimas psicológicas y fisiológicas, y arrastrarán esa condición durante toda su vida. Serán incapaces de abandonar plenamente la inmovilidad y recuperar la posibilidad de perpetrar una huida activa, independientemente de la situación en que se encuentren. Se identifican hasta tal punto con la impotencia y la vergüenza que carecen literalmente de los recursos para defenderse a sí mismos cuando son atacados o sometidos a una gran presión.

Todos los seres humanos que reiteradamente son arrastrados hacia un estado que no pueden soportar acaban identificándose con la ansiedad y la impotencia. Por añadidura, trasladan esta impotencia a muchas otras situaciones que perciben como amenazantes. Toman la «decisión» de ser incapaces, e insisten en demostrar su victimización tanto a sí mismos como a los demás. Se abandonan a los sentimientos de impotencia incluso en situaciones en las que disponen de los recursos para afrontarlas. A veces (en lo que se conoce como reacción contrafóbica) quizá intenten negar lo que no les gusta de sí mismos provocando a propósito una situación de peligro. En todo caso, se comportan como víctimas y su conducta refuerza su victimización.

Los delincuentes profesionales dicen recurrir al lenguaje corporal para elegir a sus víctimas. La experiencia les ha enseñado que ciertas personas no se defienden tan bien como otras. Buscan las señales propicias reveladas en los movimientos rígidos, descoordinados, y en la conducta desorientada de la presa en potencia.

EL ÚLTIMO GIRO

A medida que los síntomas del trauma se vuelven más complejos, empiezan a incorporar a su red todos los aspectos de la experiencia de la persona que sufre el trauma. Estos síntomas tienen una base fisiológica, pero cuando su desarrollo alcanza el último giro de la espiral descendente, no solo influirán, sino que en realidad también gobernarán los aspectos mentales de nuestra experiencia. Lo más aterrador es que buena parte de este impacto será inconsciente.

Tal vez el impacto del trauma no llegue a ser del todo consciente, pero sin duda está plenamente activado. De una forma insidiosa, el trauma contribuye a los motivos e impulsos de nuestra conducta. Esto significa que el hombre que recibió malos tratos en la infancia sentirá el impulso de reproducir ese comportamiento en su vida adulta. La energía que subyace a su necesidad de golpear no es otra que la energía contenida en sus síntomas traumáticos. Hasta que la energía se descargue, esta compulsión inconsciente solo se puede superar mediante actos que requieren una gran voluntad.

El fenómeno que impulsa la repetición de incidentes traumáticos pasados recibe el nombre de «recreación». Es el síntoma que domina el último giro de la espiral descendente en el desarrollo de los síntomas del trauma. La recreación es más imperativa, misteriosa y destructiva para nosotros como individuos, como sociedad y como comunidad mundial.

III

Transformación

13

Plan para la repetición

RECREACIÓN

Nos sorprende muy poco.

SIGMUND FREUD

El deseo de completar y curar el trauma es tan poderoso y tenaz como los síntomas que crea. El impulso de resolver el trauma a través de la recreación puede resultar intenso y compulsivo. Estamos inextricablemente condenados a vivir situaciones que replican el trauma original tanto de formas obvias como de otras formas menos evidentes. La prostituta o *stripper* con una historia de abusos sexuales en la infancia es un ejemplo habitual. Podemos experimentar los efectos del trauma a través de síntomas físicos o a través de una interacción absoluta con nuestro entorno. La recreación puede exteriorizarse en relaciones íntimas, en situaciones laborales, en accidentes o contratiempos reiterados y en otros acontecimientos aparentemente fortuitos. También puede manifestarse en forma de síntomas físicos o trastornos psicosomáticos. Los niños que han padecido una experiencia traumática tenderán a recrearla reiteradamente en sus juegos. En una escala de desarrollo superior, los adultos recreamos los traumas en nuestra vida cotidiana. Al margen de la edad del individuo, el mecanismo es similar.

Desde una perspectiva biológica, una conducta tan poderosa y apremiante como la recreación se incluye en la categoría de «estrategias de supervivencia». Esto significa que las conductas se han seleccionado porque, históricamente, son ventajosas para la perpetuación de la especie. ¿Cuál es, entonces, el valor para la supervivencia de las frecuentemente peligrosas recreaciones que atormentan a tantos individuos y sociedades traumatizadas?

En lo que respecta al conocimiento para la supervivencia, debemos aprender de nuestro entorno con rapidez y eficacia. Es esencial que el deseo de aprender constantemente resulte apremiante. En la naturaleza, las huidas iniciales de un animal joven suelen explicarse por la «suerte del principiante». Debe desarrollar los comportamientos que aumenten sus posibilidades de huir; de ahí que el periodo educativo sea rápido e intenso.

A fin de mejorar este proceso de aprendizaje, creo que los animales «revisan» cada encuentro amenazante y practican posibles opciones de huida después de haber descargado la energía de supervivencia excitada. Vi un ejemplo de esta conducta en el Discovery Channel. Tres cachorros de guepardo habían escapado de manera milagrosa de un león alterando el rumbo de su carrera y trepando a un árbol alto. Cuando el león se fue, las crías bajaron y empezaron a jugar. Por turnos, cada cachorro jugaba a ser el león mientras los otros dos practicaban diversas maniobras evasivas. Practicaron la huida en zigzag y luego treparon a un árbol hasta que su madre volvió de una excursión de caza. Entonces brincaron, orgullosos, en torno a su madre, informándole de su exitosa huida de las poderosas fauces mortales.

Creo que la raíz biológica de la recreación se da en esta «segunda fase» de normalización: la práctica «lúdica» de las estrategias defensivas. ¿Cómo es posible que este mecanismo de supervivencia lúdico e innato degenere y se convierta en una recreación a menudo trágica, patológica y violenta? Es importante responder a esta cuestión no solo para los individuos que padecen un trauma, sino para el conjunto de la sociedad. Buena parte de la violencia que asola a la humanidad es el resultado directo o indirecto de un trauma no resuelto que se representa por medio de intentos fallidos de restablecer una sensación de empoderamiento.

Los cachorros de guepardo descargaron la mayor parte de la intensa energía de supervivencia que habían movilizado durante su exitosa huida del león (primera fase). Tras la huida, estaban eufóricos. A continuación pasaron a la segunda fase: empezaron a repasar «lúdicamente» la experiencia hasta dominarla, lo que tal vez les hizo sentir una sensación de orgullo y poder.

Veamos un ejemplo más humano: mientras manejas, ves que un coche se dirige directamente hacia ti. Tu cuerpo se moviliza instintivamente para defenderse. Mientras zigzagueas para escapar del peligro, percibes la intensa energía de la descarga. Descubres que el coche es un Mercury Cougar. Te sientes animado por el éxito de tu acción evasiva. Te estacionas en una curva y descubres que, pese a haber descargado mucha energía, aún te sientes activado de algún modo. Centras tu atención en tu percepción sensible, y adviertes un insignificante temblor en mandíbulas y pelvis, un estremecimiento que se extiende a todo tu cuerpo. Sientes calor y hormigueo en brazos y manos mientras se descarga la energía. Ahora que estás más tranquilo, repasas el acontecimiento. «Recreas» en tu imaginación diferentes escenarios de la situación y decides que tu estrategia de defensa, aunque exitosa, podría haberse articulado de otras formas. Tomas nota de estas alternativas y empiezas a relajarte. Manejas hasta casa y relatas a tu familia todo lo que ha pasado. Hay orgullo en tu conducta, y te sientes empoderado al relatar el acontecimiento. Tu familia te apoya y se alegra de que estés a salvo. Su preocupación te conmueve profundamente, y sientes su acogedor abrazo. De pronto te inunda el cansancio y decides tomar una siesta antes de la cena. Estás tranquilo y relajado, y te duermes inmediatamente. Al despertar, te sientes revitalizado. El suceso es historia, y estás listo para afrontar la vida con tu identidad habitual.

Por desgracia, en muchas ocasiones, los seres humanos no descargamos completamente la enorme cantidad de energía movilizada para protegernos. De modo que, al entrar en la segunda fase, repasamos el incidente, pero en un estado de gran excitación. Este elevado nivel de energía impedirá que el incidente se recree de un modo «lúdico». En lugar de eso, a menudo experimentamos *flashbacks* aterradores y compulsivos que son como revivir el evento. En el capítulo dieciséis, «Escenario de curación después de un accidente», abordaremos la respuesta más común a la descarga incompleta. La mayoría de la gente intenta controlar su energía de supervivencia no descargada por medio de la interiorización. Aunque esta actitud es socialmente más aceptable, no es menos violenta que la «representación». Tampoco resulta más efectiva para tratar ese intenso estado de activación. Es importante comprender que la estrategia de interiorizar los procedimientos defensivos instintivos constituye una forma de recreación; tal vez podríamos llamarla «representación interna». Infligir violencia contra uno mismo es el método preferido por nuestra cultura por muchas razones. Obviamente, es más fácil mantener una estructura social que parece controlarse a sí misma. Sin embargo, creo que hay otra razón más apremiante: al interiorizar nuestra propensión natural a resolver los acontecimientos que amenazan la vida, negamos incluso que exista esa necesidad, que permanece oculta. Uno de los aspectos positivos de la reciente escalada de «representación externa» violenta es que está obligándonos a afrontar el hecho de que el estrés postraumático, tanto si se manifiesta como «representación externa» o como «representación interna», es un importante problema de salud. Observemos un escenario de «representación externa».

Mientras manejas, un coche se dirige directamente hacia ti. Tu cuerpo se tensa al instante, y luego se paraliza en cuanto el pánico se apodera de tu ser. Te abrazas a ti mismo, resignado ante el impacto inevitable. Sientes que has perdido el control... A continuación, en el último microsegundo, vences el pánico y desvías tu trayectoria, alejándote del coche que se dirige hacia ti. Al cruzarte con él, descubres que el vehículo es un Mercury Cougar. Te estacionas en la siguiente curva y paras el coche. Tu corazón late desbocado y te falta la respiración. Mientras intentas recuperar el control, sientes un fugaz «impulso de adrenalina» seguido de la intensa sensación de gran excitación. Esta energía te asusta y empiezas a irritarte. La ira ayuda. Concentras tu ira en el idiota que ha estado a punto de matarte. Con el corazón y la mente desbocados, descubres que tus manos heladas aún se aferran al volante. Te imaginas estrangulando al idiota con todas tus fuerzas. Todavía alterado, ves las imágenes del incidente desfilando ante tus ojos. (Empieza la segunda fase, pero aún estás en un grado de excitación elevado.) Regresa la sensación de pánico, y tu corazón late con fuerza. Estás perdiendo el control y percibes el regreso de la ira. La ira se ha convertido en tu amiga; te ayuda a mantener cierta apariencia de control.

Tus pensamientos vuelven a centrarse en el idiota. Te ha arruinado el día. Te preguntas si él está pasando por lo mismo que tú. Lo dudas, dado que es un idiota rematado. Probablemente ha seguido su camino, alegremente, y ha olvidado todo el incidente. Odias esa posibilidad, pero empiezas a pensar que es cierta. Entonces te llega un destello, el recuerdo del coche: un Cougar amarillo. Tu ira crece ante esa visión. Odias al coche y a su conductor. Les vas a dar una lección a los dos.

Manejas calle abajo en busca del Cougar amarillo. Lo encuentras en un estacionamiento. Tu corazón se acelera y tu excitación se dispara al entrar en el estacionamiento. Te vas a vengar, se hará justicia. Te estacionas a unos cuantos coches de distancia, abres el maletero y sacas la llave para neumáticos. En un impulso de energía, te diriges al Cougar y empiezas a destrozar el parabrisas con la llave de hierro. Descargas golpes sin cesar, una y otra vez, intentando descargar la intensa energía. De pronto, te detienes y miras a tu alrededor. La gente te está mirando, incrédula. Algunos te tienen miedo, otros piensan que estás loco, otros te dirigen una mirada hostil. Durante una fracción de segundo, piensas en atacar a estos últimos. Probablemente son amigos del conductor del Cougar. Entonces, la realidad se impone. Te das cuenta de lo que has hecho, y te abruma la vergüenza. La vergüenza es inmediatamente sustituida por el pánico. Has quebrantado la ley, y es probable que la policía ya venga en camino. Tienes que huir. Corres hacia tu coche, entras, arrancas y te vas dejando una nube de caucho quemado.

Al llegar a casa, la vergüenza se ha apoderado de ti. Tu familia se alegra de verte, pero no les puedes contar lo que ha pasado. Te preguntan qué anda mal, pero los rechazas. El alivio pasajero que te produjo la rotura del parabrisas se ha desvanecido hace mucho. Una vez más, ha sido sustituido por el pánico. No puedes quedarte en casa. Subes al coche y manejas, intentando serenarte. Nada parece funcionar. Te repites a ti mismo que el idiota se lo merecía, pero ese pensamiento no aporta ningún alivio. Decides que necesitas ayuda para relajarte, y te diriges al bar más cercano.

Obviamente, esta respuesta tiene un escaso valor de supervivencia. Sumida en un gran estado de excitación, la persona del escenario anterior era incapaz de examinar el incidente con inteligencia. En lugar de empoderarse, ese estado le llevó a recrear o «representar externamente» su confusión biológica en lugar de descargar la energía de supervivencia y recuperar su funcionamiento normal. Es importante evitar juzgar este tipo de respuesta en concreto. Debemos entenderla como lo que realmente es: un intento frustrado de descargar la intensa energía movilizada para defendernos de una experiencia que percibimos como amenazante. En su libro *Violence*,* el psiquiatra James Gilligan hace esta elocuente declaración: *«El intento de imponer o mantener la justicia, o de deshacer o evitar la injusticia, es la única y universal causa de la violencia»* (la cursiva es suya). Desde un punto de vista emocional e intelectual, la intuición del doctor Gilligan es profunda y precisa, pero ¿cómo se traslada al aspecto biológico del funcionamiento instintivo? En el mundo de la percepción sensible, donde el pensamiento no desempeña ningún papel, creo que la justicia se experimenta como una culminación. Sin descarga y culminación, estamos condenados a repetir el ciclo trágico de la recreación violenta, ya sea a través de la «representación externa» o la «representación interna».

---

* Grosset-Putnam, 1996, pág. 11.

Es humillante admitir que una parte significativa de la conducta humana es inducida por estados de hiperexcitación causados por respuestas incompletas ante una amenaza. La mayor parte de la humanidad parece fascinada, tal vez incluso hechizada, por aquellos de nosotros que «exteriorizamos» nuestra búsqueda de justicia. Existen infinidad de libros que detallan la vida de los «asesinos en serie», muchos de ellos éxitos de ventas. El tema de la justicia y la venganza es, probablemente, el más recurrido en el cine.

Bajo esa poderosa atracción que sentimos por quienes «representan externamente», está el impulso de culminación y resolución, o lo que llamo la «renegociación» del trauma. En una renegociación, el ciclo repetitivo de recreación violenta se transforma en un acontecimiento curativo. Una persona transformada ya no siente necesidad de venganza o de violencia: la vergüenza y la culpa se disuelven en el poderoso despertar de la renovación y de la autoaceptación (véase el capítulo catorce, «Transformación»). Por desgracia, hay muy pocos ejemplos de este fenómeno en el cine y en la literatura. La película *El otro lado de la vida* presenta algunas de las cualidades transformadoras implícitas en la renegociación traumática.

Nuestro mundano «escenario de colisión» está mucho más próximo a nuestra vida cotidiana que el material con el que se hacen las películas, y resulta, por lo tanto, más revelador. En la página 133 de *Violence*, Gilligan escribe: «Si queremos comprender la naturaleza del incidente que suele provocar la vergüenza más intensa, y por lo tanto la violencia más extrema, hemos de reconocer que es precisamente la trivialidad del incidente la que lo hace vergonzoso. Y, como he dicho, la intensidad de la vergüenza es lo que convierte al incidente en una poderosa fuente de violencia». Cuando la gente se ve sobrepasada y es incapaz de defenderse a sí misma, a menudo se avergüenza. Al actuar violentamente, busca justicia y venganza porque la han dejado en evidencia.

En el capítulo siete hemos hablado de que el cerebro humano consta de tres sistemas integrales: reptiliano (instintos), mamífero (emociones) y neocórtex (racional). La vergüenza es una emoción formulada por el segundo sistema cerebral (mamífero). La justicia es una idea formulada por el neocórtex. Y ¿qué pasa con los instintos? En mi opinión, si se frustra el impulso instintivo de descargar la intensa energía de supervivencia, el funcionamiento de los otros dos sistemas cerebrales se altera profundamente. Por ejemplo, fijémonos en el escenario de «recreación» anteriormente mencionado. ¿Qué efecto tuvo la energía no descargada en las respuestas emocionales y racionales del individuo? Sencillamente, el cerebro emocional tradujo esta energía en ira. A continuación, el cerebro «racional» creó la idea de venganza. Dadas las circunstancias, estos dos sistemas interrelacionados hicieron lo que pudieron. Sin embargo, el fallo a la hora de descargar instintivamente una energía biológica muy poderosa los puso en una posición que no estaban adaptados para gestionar. El resultado: recreación más que renegociación.

Aunque la conducta violenta puede proporcionar un alivio pasajero y una reforzada sensación de «orgullo», sin la descarga biológica no se culmina nada. Como resultado, se repite el ciclo de la vergüenza y la violencia. El sistema nervioso permanece sumamente activado, lo que obliga al individuo a buscar el único alivio que conoce: más violencia. El incidente traumático no se resuelve, y el individuo continúa comportándose como si este siguiera sucediendo (porque biológicamente hablando es así); su sistema nervioso sigue muy activado. Los tres pequeños guepardos mencionados anteriormente sabían cuándo había acabado el verdadero incidente. El ser humano, con su inteligencia «superior», a menudo no lo sabe.

Impactado por la forma en que parece que la gente dedica toda su vida a reproducir cuestiones de su infancia, Freud acuñó el término «compulsión de repetición» para describir conductas, relaciones, emociones y sueños que parecían recreaciones de traumas previos. Un aspecto esencial en el concepto de compulsión de repetición de Freud es su observación de que las personas continúan poniéndose a sí mismas en situaciones que recuerdan extrañamente a un trauma original a fin de aprender nuevas soluciones.

5 DE JULIO, SEIS Y MEDIA DE LA MAÑANA

Bessel van der Kolk, psiquiatra e investigador que ha realizado grandes aportaciones al campo del estrés postraumático, cuenta la historia de un veterano de guerra que ilustra vívidamente los aspectos peligrosos y repetitivos de la recreación en su camino hacia la resolución.

Un 5 de julio a finales de los ochenta, un hombre entró en un supermercado a las seis y media de la mañana. Con el dedo en el bolsillo para simular que llevaba una pistola, pidió al cajero que le entregara todo lo que hubiera en la caja registradora. Tras recoger unos cinco dólares en monedas, el hombre volvió a su coche, donde se quedó hasta la llegada de la policía. Cuando esta llegó, el joven salió del vehículo y, con el dedo en el bolsillo, anunció que tenía un arma y que todo el mundo debería alejarse de él. Por suerte, lo detuvieron sin dispararle.

En comisaría, el oficial de policía examinó sus antecedentes y descubrió que había cometido otros seis presuntos «robos a mano armada» en los últimos quince años, todos ellos a las seis y media de la mañana, y siempre el 5 de julio. Tras enterarse de que el hombre era un veterano de Vietnam, la policía supuso que el incidente no era una coincidencia. Lo llevaron a un cercano hospital de veteranos, donde el doctor Van der Kolk tuvo la oportunidad de hablar con él.

Van der Kolk le preguntó directamente: «¿Qué te pasó el 5 de julio a las seis y media de la mañana?». El hombre respondió directamente. En su estancia en Vietnam, su pelotón fue emboscado por el Vietcong. Todos murieron, salvo su amigo Jim y él mismo. Ocurrió un 4 de julio. Llegó la noche y los helicópteros no pudieron evacuarlos. Pasaron una aterradora noche acurrucados en un campo de arroz y rodeados por el Vietcong. A las tres y media de la mañana, una bala enemiga alcanzó a Jim en el pecho: murió en los brazos de su amigo a las seis y media de la mañana del 5 de julio.

Tras regresar a Estados Unidos, cada 5 de julio, el hombre recreaba el aniversario de la muerte de su amigo (cuando no estaba en prisión). En la sesión de terapia con Van der Kolk, el veterano expresó su dolor por la pérdida de su amigo. Entonces estableció la relación entre la muerte de Jim y la compulsión de cometer robos. En cuanto fue consciente de sus sentimientos y del papel que el acontecimiento original había desempeñado en su compulsión, el hombre dejó de reproducir el trágico incidente.

¿Cuál era la conexión entre los robos y la experiencia en Vietnam? Al escenificar los «robos», el hombre recreaba el tiroteo que había provocado la muerte de su amigo (y del resto de su pelotón). Al provocar a la policía para unirse a la recreación, el veterano orquestó el reparto de personajes necesario para interpretar al Vietcong. No quería herir a nadie, y por eso usó sus dedos en lugar de un arma. Llevó la situación al clímax y pudo obtener la ayuda que necesitaba para curar sus heridas psíquicas. Pudo entonces resolver su angustia, su ira y su sentimiento de culpa por la muerte violenta de su amigo y los horrores de la guerra.

Si observamos el comportamiento de este hombre sin saber nada de su pasado, pensaríamos que está loco. Sin embargo, al conocer su historia, descubrimos que sus acciones constituyen un brillante intento de resolver su profunda cicatriz emocional. Su recreación lo llevó al límite, una y otra vez, hasta que fue capaz de liberarse de la angustiosa pesadilla de la guerra.

En muchas de las denominadas culturas primitivas, la naturaleza de las heridas emocionales y espirituales de este hombre habrían sido abiertamente reconocidas por parte de la tribu. Lo habrían animado a compartir su dolor. Se habría celebrado una ceremonia de curación en presencia de toda la aldea. Con la ayuda de su pueblo, el hombre se habría reunido con su espíritu perdido. Tras esta depuración, habría sido recibido como un héroe en una gozosa celebración.

El papel vital de la conciencia

El vínculo entre una recreación y la situación original podría no ser tan evidente. Una persona traumatizada podría asociar el evento traumático con otra situación y repetirla en lugar de recrear la situación original. Los accidentes recurrentes son una manifestación habitual de este tipo de recreaciones, especialmente cuando se asemejan entre sí. En otros casos, la persona podría sufrir un tipo de lesión específica. Las torceduras de tobillo y los problemas de rodilla, el traumatismo cervical e incluso muchos de los denominados trastornos psicosomáticos son ejemplos comunes de recreaciones físicas.

En líneas generales, ninguno de estos presuntos «accidentes» parece ser otra cosa que un accidente. La clave para identificarlos como síntomas de un trauma se encuentra en la frecuencia con la que ocurren. Un joven que había sufrido abusos sexuales en la infancia sufrió una docena de colisiones en la parte trasera del coche en un periodo de tres años. (Ninguno de estos «accidentes» fue inequívocamente atribuido a él.) La recreación frecuente es el más complejo e intrigante síntoma del trauma. Este fenómeno puede adaptarse al individuo, con un asombroso nivel de «coincidencia» entre la recreación y la situación original. Aunque algunos elementos de la recreación son comprensibles, otros parecen desafiar la explicación racional.

JACK

Jack es un hombre serio y muy tímido de cincuenta y tantos años que vive en el noroeste de Estados Unidos. Le avergüenza la razón por la que ha acudido a mi consulta. Con todo, bajo esta incomodidad hay una profunda sensación de humillación y derrota. El verano anterior, mientras amarraba su barco, le dijo con orgullo y picardía a su mujer: «¿Soy un crack o no?». Un segundo después, él, su mujer y su hijo cayeron de espaldas al suelo de la embarcación. Lo que ocurrió que fue que mientras amarraba el barco, uno de los cabos se enganchó en el embrague-acelerador. De pronto, el barco dio una sacudida hacia delante. (Había dejado el motor en tiempo muerto mientras lo amarraba.) Jack y su familia perdieron el equilibrio. Por suerte, ninguno resultó herido, pero chocó con otro barco y causó una serie de daños valorados en cinco mil dólares. Para empeorar las cosas, Jack, completamente humillado, se enzarzó en una discusión a gritos con el propietario del puerto deportivo cuando el hombre (que probablemente pensaba que Jack estaba borracho) insistió en atracar el barco en su lugar. Como marinero experimentado y perteneciente a una familia náutica, este episodio fue más de lo que podía soportar. Jack sabía perfectamente que no debía dejar el motor en punto muerto mientras amarraba.

Gracias a la percepción sensible, es capaz de verse a sí mismo sujetando la cuerda y siente cómo le da un violento tirón que le quema las manos antes de caer de espaldas. Esto estimula una imagen de sí mismo a los cinco años de edad. Mientras navegaba con sus padres, cayó de espaldas desde una escalera. Se quedó sin respiración, y eso le provocó pánico.

Al explorar esta experiencia, percibe vívidamente sus fuertes músculos de niño de cinco años que se aferra a la escalera mientras sube orgullosamente por ella. Sus padres, que están ocupados en otro lugar, no lo ven jugar con la escalera. Cuando una ola inmensa zarandea el barco, Jack cae sobre su espalda. La secuela de este incidente le resultó humillante porque lo llevaron de un médico a otro y tuvo que explicar la misma historia una y otra vez.

Hay una importante relación entre estos dos eventos: la caída a los cinco años y su reciente fiasco. En ambos ejemplos exhibe, orgulloso, su hazaña. En ambos eventos cae de espaldas y se queda literal y emocionalmente sin respiración. El barco de su padre se llamaba *The High Seas*. Una semana antes del incidente, Jack había bautizado al suyo con el mismo nombre.

PATRONES DEL *SHOCK*

Cuando Jack rebautizó su barco como *The High Seas*, él, igual que el veterano de Vietnam, dispuso el escenario para la recreación que finalmente tuvo lugar. Los avisos fortuitos de los incidentes suelen tener lugar justo antes de la recreación. Lo más notable es que, para un observador imparcial, parece que estos incidentes y la posterior recreación guardan una clara relación con el trauma original. Sin embargo, la persona traumatizada normalmente no lo sospecha.

A menudo, la recreación no coincidirá con un aviso fortuito inconsciente, sino con el aniversario del acontecimiento traumático. ¡Esto puede suceder aunque el individuo no tenga un recuerdo consciente de que el acontecimiento ocurrió! Incluso en quienes recuerdan el evento, la relación entre la experiencia original y la recreación suele ser inconsciente. En efecto, como veremos, esta falta de conciencia desempeña un papel esencial en la perpetuación de estas a menudo extrañas reediciones.

Sin conciencia tenemos elección

Intenta desbrozar tu patio cortando la hiedra, las zarzamoras o el bambú a ras de suelo. Cualquiera que lo haya intentado sabe que es imposible. Algunas cosas se deben abordar desde la raíz. El trauma es una de ellas. Cuando tiene lugar una recreación, a menudo aludimos a la conducta resultante como «representación externa». Estas palabras están bien escogidas. Recibe el nombre de representación porque no es real. Hay algo más en su raíz: algo de lo que la persona no es consciente.

Como hemos explicado antes, la representación externa aporta un alivio temporal al organismo. Las propias acciones proporcionan una salida al exceso de energía generado por el ciclo de excitación en curso. Las sustancias químicas que producen la adrenalina y las endorfinas narcóticas se liberan en el cuerpo. A su vez, el organismo es capaz de evitar sentir la emoción y la sensación abrumadoras que acompañan a la situación real. El inconveniente es que, al proseguir con el acto programado, la persona rara vez tiene la oportunidad de probar algo nuevo u original. Pocas personas racionales elegirían vivir su vida en las garras del trauma, representando y reviviendo constantemente las experiencias abrumadoras.

RECREACIÓN FRENTE A RENEGOCIACIÓN

En toda recreación habrá siempre patrones inconscientes e implícitos de acontecimientos y creencias que, aparentemente, tienen su propio poder para crear nuestras experiencias según sus dictados. Esta repetición compulsiva no es «deliberada» en el sentido habitual de la palabra. Las acciones deliberadas suelen requerir cierto grado de conciencia, un ingrediente que tiene un escaso papel en la recreación. En este fenómeno, el organismo humano no es plenamente consciente de los impulsos y de las motivaciones de su conducta y, en consecuencia, opera según los dictados del cerebro reptiliano. Simplemente hace lo que hace.

La recreación representa el intento del organismo por completar el ciclo natural de activación y desactivación que acompaña a la respuesta frente a la amenaza en el mundo natural. En este mundo salvaje, la activación suele descargarse corriendo o luchando, o por medio de cualquier otra conducta activa que lleve a buen término esa confrontación posiblemente peligrosa. Si el acontecimiento original exigió en su momento una estrategia de huida activa, no debería sorprendernos que las recreaciones intenten lo mismo.

En tanto que humanos, somos vulnerables a los traumas de un modo diferente a los animales. La clave para salir de esta situación aparentemente irresoluble está en el rasgo que más claramente nos distingue de los animales: nuestra capacidad para ser «conscientes» de nuestra experiencia interior. Si somos capaces, como hizo Jack, de «bajar el ritmo» y experimentar todos los elementos de la sensación y la emoción que acompañan a nuestros patrones traumáticos, permitiéndoles completarse antes de seguir adelante, empezamos a acceder y a transformar impulsos y motivaciones que, de otro modo, nos forzarán a recrear los acontecimientos traumáticos. La percepción consciente, a la que accedemos a través de la percepción sensible, nos proporciona una suave descarga energética tan eficaz como aquella a la que el animal accede a través de la acción. Se trata de la «renegociación».

En el teatro del cuerpo

La excitación deviene crónica como resultado de las sensaciones y emociones abrumadoras que tienen una fuente interna. Esta es la razón por la que el trauma puede y debe transformarse por medio del trabajo interior. En la recreación, el mundo puede ser nuestro escenario. Pero al ser externo, también permanece inmutable. Por lo tanto, la recreación rara vez logra el objetivo que pretende.

Vivir en una cultura que no respeta nuestro mundo interior va en nuestro detrimento. En muchas culturas, el mundo interior de los sueños, las emociones, las imágenes y las sensaciones es sagrado. Sin embargo, la mayoría de nosotros solo es ligeramente consciente de su existencia. Tenemos poca o ninguna experiencia en encontrar nuestro camino en este paisaje interior. En consecuencia, cuando nuestra experiencia lo exige, no estamos preparados. En lugar de negociarlo hábilmente, si llegamos a intentarlo, lo más probable es que lo recreemos.

Sin embargo, con paciencia y atención se pueden desmantelar los patrones que gobiernan la recreación traumática, a fin de acceder nuevamente a los matices emocionales infinitos y a las respuestas conductuales que somos capaces de ejecutar. En cuanto comprendemos cómo empieza y se desarrolla el trauma, debemos aprender a conocernos a nosotros mismos a través de la percepción sensible. Toda la información que necesitamos para empezar a renegociar el trauma está a nuestro alcance. Nuestro cuerpo (nuestros instintos) nos dirá dónde están los bloqueos y cuándo vamos demasiado rápido. Nuestro intelecto nos indicará cómo regular la experiencia para que esta no nos desborde. Cuando estas funciones cerebrales trabajan coordinadamente, podemos establecer una relación especial entre la corriente principal de nuestra experiencia interior y la agitación del trauma. Avanzar lentamente y permitir que la experiencia se despliegue paso a paso nos permite digerir los aspectos no asimilados de la experiencia traumática a un ritmo que podamos tolerar.

En el teatro del cuerpo se puede transformar el trauma. Los elementos fragmentados que perpetúan la emoción y la conducta traumática se pueden completar e integrar, y pueden recuperar de nuevo su integridad. Con esta plenitud nos llega una sensación de control y resolución.

POSDATA: ¿CUÁN LEJOS EN EL ESPACIO Y EN EL TIEMPO?

Ningún examen de la recreación estará completo sin al menos el reconocimiento de un curioso aspecto de la repetición traumática que desafía toda explicación. Me refiero específicamente a recreaciones de eventos traumáticos que se remontan a varias generaciones en el árbol genealógico familiar.

Recientemente, en una clase de formación, me pidieron que visitara a una joven, Kelly, que había sobrevivido al accidente de aviación de Sioux City (en el que se basó la película *Sin miedo a la vida*). El vuelo, que cubría la ruta entre Denver y Chicago, perdió un motor en una explosión. El avión se ladeó y se desplomó en un ángulo tan pronunciado que la entrada en barrena parecía inevitable. En una maniobra notable, el piloto, Al Haynes, evitó la barrena del avión y fue capaz de realizar un aterrizaje de emergencia. El avión se partió por el impacto. Piezas del fuselaje en llamas se diseminaron por los campos de maíz circundantes. Este incidente fue grabado por uno de los videoaficionados amateur más famosos de la década. Kelly escapó de una sección aplastada del avión arrastrándose a través de un laberinto de cables y metal en busca de la luz.

Mientras trabajamos juntos, Kelly renegocia lenta y gradualmente el horror del accidente. Cuando llegamos al momento en el que tuvo lugar el impacto, Kelly oye las voces de su padre y de su abuelo gritando: «¡No esperes, vete ahora! ¡Busca la luz! ¡Sal antes de que se incendie!». Ella obedeció. Tanto su padre como su abuelo habían sobrevivido a distintos accidentes de aviación. Los dos hombres habían escapado de manera milagrosa de la muerte abandonando el aparato tan pronto como se produjo la colisión con el suelo.

Es probable que Kelly hubiera oído historias sobre las experiencias de su padre y de su abuelo, y que estas historias la ayudaran a saber qué hacer cuando el avión llegó al suelo. Pero ¿qué pasa con los otros elementos de la experiencia? Los accidentes de aviación reciben una gran cobertura mediática. A menudo se cobran la vida de cientos de personas, pero en el cómputo global, no son muchos los individuos que tienen un familiar que haya sufrido un accidente de este tipo, y mucho menos tres. Por otra parte, hay que tener en cuenta la naturaleza del incidente. Un accidente de coche puede atribuirse fácilmente a un momento de descuido, aun cuando el individuo en cuestión no parezca tener la culpa. Sugerir que un accidente de aviación puede suceder del mismo modo sería ir demasiado lejos.

He escuchado varias historias parecidas entre mis pacientes y amigos. Se trata de incidentes que ocurren a lo largo de varias generaciones y que comparten coincidencias asombrosas. En algunos casos, estas coincidencias se pueden atribuir, al menos parcialmente, al modo en que el niño fue educado en los mitos y patrones familiares. Otras (especialmente cuando se trata de un desastre de gran magnitud que afecta a un gran número de personas) no se pueden explicar. Dejo cualquier comentario adicional a Rod Serling, pero no sin preguntarme antes hasta qué punto llegan realmente los patrones del *shock* traumático.

Otro ejemplo de la misteriosa forma que pueden adoptar las recreaciones traumáticas lo encontramos en la historia de Jessica. A los dos años de edad sobrevivió a su primer accidente de aviación. El piloto, su padre, la sostuvo en sus brazos y la bajó del árbol en el que había aterrizado la avioneta. Veinticinco años más tarde, volando a una distancia de 1 500 kilómetros de su casa, Jessica y su novio se perdieron en la niebla y se estrellaron contra un árbol. ¡Resultó que el árbol estaba justo al otro lado de la colina en la que se había estrellado con solo dos años de edad! En nuestra sesión juntos, resolvió muchas de las profundas reacciones y emociones derivadas de una infancia compleja y difícil. Si esto significa que no tenía necesidad de sufrir otro accidente —o que el segundo accidente en la colina solo fue una coincidencia—, yo no lo sé, y espero no saberlo nunca; formará parte del misterio.

14

Transformación

La razón por la que estamos unidos en espíritu tanto al
Cielo como al Infierno es para mantener nuestra libertad.

EMANUEL SWEDENBORG

Para una persona traumatizada, el viaje hacia una vida plena y espontánea implica algo más que el alivio de los síntomas: significa una transformación. Al renegociar con éxito el trauma, tiene lugar un cambio fundamental en nuestro ser. La transformación es el proceso de cambiar algo en relación con su polo opuesto. En la transformación entre un estado traumático y un estado sereno se producen cambios fundamentales en nuestro sistema nervioso, en nuestras emociones y en lo que experimentamos a través de la percepción sensible. El sistema nervioso oscila entre la inmovilidad y la fluidez, las emociones fluctúan entre el miedo y el valor, y las percepciones se mueven entre la estrechez de miras y la receptividad.

A través de la transformación, el sistema nervioso recupera su capacidad de autorregulación. Nuestras emociones empiezan a animarnos en lugar de hundirnos. Nos propulsan hacia la eufórica capacidad de alzarnos y volar, otorgándonos una visión más completa de nuestro lugar en la naturaleza. Nuestras percepciones se amplían para abarcar la receptividad y la aceptación de todo cuanto acontece, sin juicio.

Somos capaces de aprender de nuestras experiencias vitales. Aunque nuestro propósito no sea perdonar, comprendemos que no existe la culpa. A menudo obtenemos una mayor seguridad en nosotros mismos, a la vez que nos volvemos más resilientes y espontáneos. Esta nueva sensación de seguridad nos permite relajarnos, disfrutar y vivir más plenamente. Armonizamos más con las dimensiones apasionadas y extáticas de la vida.

Se trata de una profunda metamorfosis, un cambio que afecta a los niveles más básicos de nuestro ser. Ya no observaremos nuestro mundo a través de unos ojos temerosos. Aunque nuestro planeta puede ser un lugar peligroso, no sufriremos más el constante temor que crea la hipervigilancia: la sensación de que siempre acecha un peligro y de que suele ocurrir lo peor. Afrontamos la vida con una creciente sensación de valor y confianza. El mundo se convierte en un lugar donde pueden suceder cosas malas, pero pueden superarse. La confianza, y no la ansiedad, da forma al campo en el que acontece toda experiencia. La transformación inunda cada rincón de nuestra vida, tal como antes hacían los efectos debilitadores del trauma. Tim Cahill, aventurero y escritor, lo expresa así: «Pongo mi vida en juego para salvar mi alma».* En el trauma ya hemos puesto nuestra vida en juego, pero aún nos falta reclamar la recompensa por la salvación.

LAS DOS CARAS DEL TRAUMA

Fragmentos de fuselaje en llamas se diseminan por un campo de maíz marcado por un negro sendero de destrucción. En esta dramática escena que abre la extraordinaria película *Sin miedo a la vida*, de Peter Weir, Max Klein (interpretado por Jeff Bridges) acaba de sobrevivir al accidente de un avión comercial. Se tambalea entre los largos tallos de maíz, sostiene débilmente a un bebé en un brazo y con el otro guía a un niño de diez años. Mientras bomberos y paramédicos se afanan,

* *Jaguars Ripped My Flesh-Adventure is a Risky Business*, Bantam Books, 1987.

Max para un taxi y pide que lo lleven a un motel. Se baña, inmerso en una inquietante sensación de aturdimiento. Bajo el chorro de agua, se palpa con las manos para asegurarse de que sigue teniendo un cuerpo. Lo sorprende descubrir un profundo corte en el costado. A la mañana siguiente, Max, que antes del accidente tenía fobia a volar, rechaza la oferta de volver a casa en tren. De forma jactanciosa, el (ahora) exneurótico opta por un vuelo de regreso en primera clase.

Una vez en casa, Max pierde interés por la realidad mundana de la vida cotidiana. Se aleja de su familia y del mundo material, y pronto emprende una vertiginosa historia de amor con otra superviviente (interpretada por Rosie Perez). Irrevocablemente cambiado, ya no le teme a la muerte. Considerado un héroe por aquellos a quienes salvó la vida, Max, sin miedo, parece haberse transformado. Pero ¿realmente ha sido así?

En esta compleja película se plantean las dos caras del trauma. La vida de Max ha cambiado profundamente debido a sus acciones heroicas ante la muerte. Sin embargo, el cambio opera en dos sentidos diferentes y contradictorios. Por un lado, parece haber «trascendido» el mundo ordinario y haber entrado en una existencia superior y gloriosamente apasionada. Al mismo tiempo, se ha visto limitado y ya es incapaz de tolerar o experimentar su vida normal. Se ve atrapado en una espiral cada vez más envolvente que lo arrastra, literalmente, a amenazadoras recreaciones del trauma. En un desesperado intento de curar a su nueva amante, casi mueren los dos. Por último, gracias a su amor compasivo, Max abandona esta «ilusión» mesiánica y afronta su propio terror y su necesidad de ser salvado.

Todo trauma es una oportunidad para una auténtica transformación. El trauma amplifica y evoca la expansión y contracción de la psique, el cuerpo y el alma. Nuestra forma de responder al evento traumático determinará si el trauma será una cruel Medusa vengadora que nos transformará en piedra, o un maestro espiritual que nos llevará por un camino largo y desconocido. En el mito griego, la sangre del cuerpo muerto de Medusa fue recogida en dos frascos: uno tenía el poder de matar y otro, el de resucitar. Si se lo permitimos, el trauma tiene el poder de arrebatarnos la vitalidad de nuestra vida y destruirla. Sin embargo, también podemos usarlo para una potente renovación y transformación de nuestro propio ser. Una vez «resuelto», el trauma es una bendición concedida por un poder superior.

CIELO, INFIERNO Y CURACIÓN: UN TERRITORIO INTERMEDIO

> El buen proceder no es difícil para quien no tiene preferencias; pero si hacemos la más mínima distinción, Cielo e Infierno se separarán infinitamente.
>
> HSIN HSIN MING (el Forrest Gump del siglo III)

En *Sin miedo a la vida*, Max fluctúa entre un embelesamiento celestial y una pesadilla infernal, sumergido en un vórtice de energía cada vez más opresivo. Esta lucha entre las polaridades extremas del cielo y del infierno genera el ritmo esencial para la transformación del trauma. Por último, al rendirse a su propia necesidad de ser salvado, Max llega al umbral de las puertas de la muerte. Pese a que fue lo suficientemente afortunado como para transformar su trauma sin morir o enloquecer literalmente, hay métodos de transformación más fiables y menos violentos.

Somatic Experiencing es uno de estos métodos. Nos permite salvar progresivamente el abismo entre «cielo» e «infierno», uniendo ambas polaridades. Desde el punto de vista fisiológico, el cielo es expansión y el infierno es contracción. Con su unificación gradual, el trauma se cura con delicadeza.

Los organismos han evolucionado hasta adquirir exquisitos procesos para curar los efectos del trauma. Entre estos procesos encontramos la capacidad de unir, integrar y transformar las polaridades de la expansión y la contracción. Si ambas polaridades se integran de forma gradual, el trauma se cura de forma segura. Cuando nos enfrentamos a un trauma físico, el trabajo del médico consiste en curar (lavar la herida, protegerla con vendas o escayola, etc.). La escayola no cura el hueso roto, sino que proporciona el soporte físico que permite al hueso iniciar y completar su propio proceso de curación inteligente. De un modo análogo, al integrar las polaridades psíquicas de la expansión y la contracción, la percepción sensible nos ayuda a orquestar la maravilla de la transformación.

DEJA QUE FLUYA: LA RENEGOCIACIÓN

> Todo fluye, dentro y fuera; todo tiene sus mareas; todo sube y baja; el vaivén del péndulo se manifiesta en todas las cosas; la medida del balanceo a la derecha es la medida del balanceo hacia la izquierda; el ritmo lo compensa.
>
> EL *KYBALIÓN*

Nuestras vidas son como ríos. Las corrientes de nuestra experiencia fluyen a través del tiempo con ciclos periódicos de tranquilidad, perturbación e integración. Nuestro cuerpo es la orilla del río; contiene nuestra energía vital y la mantiene contenida a la vez que permite que fluya libremente entre sus márgenes. La barrera protectora de la orilla es la que nos permite experimentar con seguridad nuestro sentido de movimiento y cambio interior. En 1914, Freud definió el trauma como «una ruptura en la barrera protectora contra los estímulos que conduce a sentimientos de impotencia abrumadora».* Utilizando la analogía del río, el *shock* traumático se puede visualizar como una fuerza externa que destruye el dique protector (las orillas) de nuestra experiencia. Esta brecha crea un vórtice turbulento. Con la ruptura, una turbulencia explosiva de energía vital crea el vórtice del trauma. Este remolino existe fuera de las orillas de nuestro río vital de experiencia

---

* De *Lectures* y *Beyond the Pleasure Principle*, International Psycho-Analytic Press, 1922.

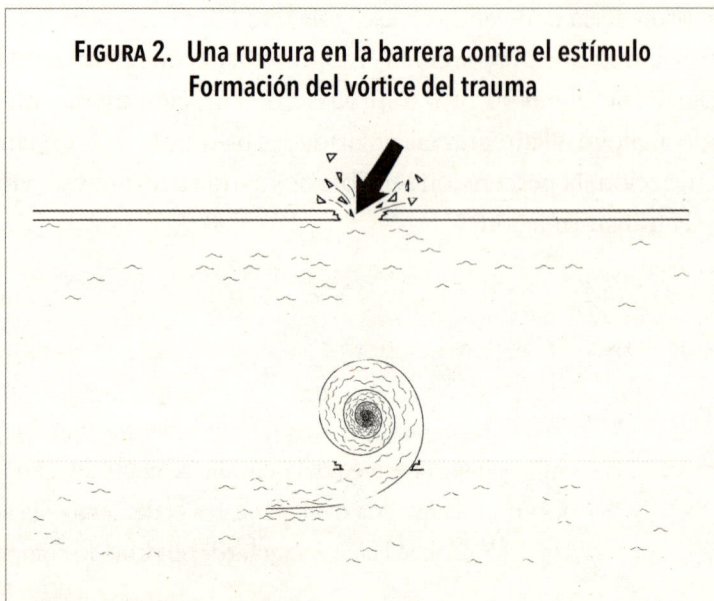

FIGURA 2. Una ruptura en la barrera contra el estímulo
Formación del vórtice del trauma

normal (Fig. 2). Es habitual que los individuos traumatizados queden atrapados en el vórtice del trauma o bien eviten la ruptura permaneciendo alejados del lugar donde tuvo lugar (el trauma).

Recreamos y revivimos nuestros traumas cuando nos dejamos arrastrar por el vórtice del trauma, lo que abre la posibilidad de que se produzca un desbordamiento emocional y la retraumatización. Al evitar el vórtice del trauma, nos constreñimos y nos volvemos fóbicos. No nos permitimos experimentar la plenitud de lo que llevamos dentro o lo que mostramos al exterior. Este remolino resquebrajado nos arrebata buena parte de nuestra energía vital y merma la fuerza de la corriente principal.

La naturaleza responde, gracias a Dios, creando inmediatamente un contravórtice (un vórtice curativo) para contrarrestar la fuerza del vórtice traumático. Esta fuerza equilibradora empieza a rotar enseguida en la dirección opuesta al vórtice del trauma. El nuevo remolino existe «dentro» de las orillas de la corriente principal de la experiencia (Fig. 3).

FIGURA 3. Formación del (contra) vórtice de curación

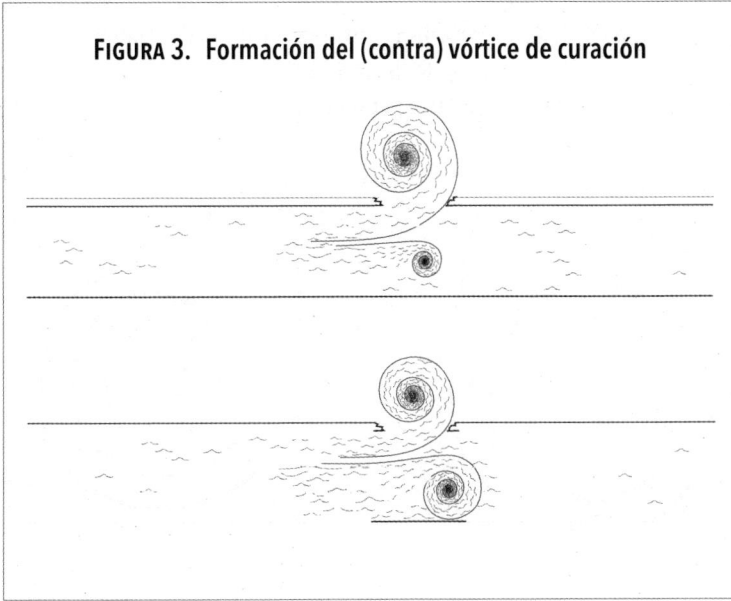

Con la creación de este vórtice curativo, nuestras opciones ya no se limitan a revivir nuestros traumas o evitarlos. Ahora existe una tercera opción, que llamamos «renegociación». En la renegociación del trauma, empezamos a reparar la orilla fracturada mediante círculos que rodean la periferia de los vórtices del trauma y de la curación y que se desplazan gradualmente hacia sus centros. Empezamos dejándonos llevar por la vibración (la oscilación fluctuante) creada por estas dos fuerzas opuestas, y experimentamos la turbulencia que se da entre ellas. Después nos movemos, lenta y rítmicamente, adelante y atrás, de una a la otra, siguiendo la figura del número ocho. Al empezar por el vórtice de curación, recabamos el apoyo y los recursos necesarios para negociar y superar con éxito el vórtice del trauma. Al desplazarnos entre ambos vórtices, liberamos las energías constreñidas en sus núcleos, como si las desenrolláramos. Avanzamos hacia su centro y sus energías son liberadas; los vórtices se rompen, se disuelven y se integran de nuevo en la corriente principal. Esto es la renegociación (Fig. 4).

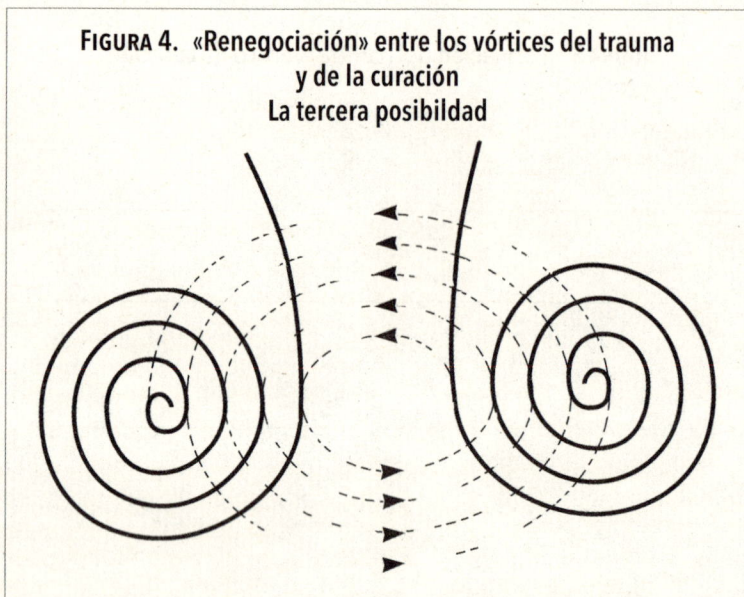

FIGURA 4. «Renegociación» entre los vórtices del trauma y de la curación
La tercera posibildad

MARGARET

Margaret es una paciente con un vínculo tan natural con la percepción sensible que no censura o interfiere en el proceso de curación en cuanto este comienza. Es una doctora de mediana edad que desde hace años padece síntomas recurrentes como dolor en el cuello o calambres abdominales, para los que no se ha encontrado ninguna causa a pesar de todas las pruebas realizadas y de diversos tratamientos sin éxito.

En cuanto empieza nuestra sesión, Margaret me comunica que siente una tensión asimétrica en el cuello. Le pido que observe esa sensación. Mientras se concentra en la tensión, su cabeza inicia un suave movimiento de torsión (respuesta de orientación) hacia la izquierda. Unos minutos después, sus piernas tiemblan ligeramente (descarga). Siente placer en la liberación, pero de pronto se asusta por la imagen del rostro de un hombre. Tras pasar por una serie de incómodas sensaciones corporales y oleadas de emoción, empiezan a desplegarse otras imágenes: ella «recuerda» (a los cinco años de edad) haber sido atada a un árbol por un hombre que le arranca la ropa, la golpea y le introduce un palo por la vagina. Margaret vuelve a verse inundada por una oleada de emoción, pero sigue conectada a sus sensaciones físicas. A continuación, está acostada en un lecho de hojas rastrilladas. Se siente excitada, pero tranquila.

De pronto ve la imagen vívida y detallada del rostro del hombre. Está enrojecida y crispada. Le caen gotas de sudor por la frente. A continuación, con un resuello, Margaret cambia de escenario y describe las hojas de otoño en el suelo. La rodean. Dice que retoza en las hojas y la invade una sensación de euforia. Está encantada. En su siguiente imagen vuelve a estar atada al árbol. Ve al hombre con la bragueta abierta y el pene fuera. Sujeta un conejo, al que destripa con un cuchillo mientras le grita que la matará si se lo cuenta a alguien. Ella tiene la sensación de «enloquecer por dentro». A continuación, está en brazos de su abuela y le cuenta lo que ha pasado. Las lágrimas fluyen de sus ojos mientras dice sentirse profundamente reconfortada. En la siguiente escena vuelve a revolcarse en el montón de hojas. Ríe y rueda de un lado a otro, con los brazos rodeando su pecho. La tensión que Margaret sufría en el cuello desapareció después de esta primera sesión. Trabajamos juntos unas sesiones más y pudo eliminar los síntomas abdominales. Lo más importante de todo fue lo que describió como el nuevo síntoma en su vida: ¡la alegría!

¿QUÉ PASÓ EN REALIDAD?

En el caso de Margaret, los informes independientes sobre el incidente (entre ellos, la evidencia médica y la investigación policiaca) confirman los hechos básicos de la historia. Sin embargo, por sorprendente que parezca, la verdad es que, después de haber ayudado a miles de pacientes a rastrear su experiencia de percepción sensible, puedo decir sin dudar que el hecho de que la historia de Margaret fuera completamente verídica o completamente «fabricada» no importa en términos de curación de sus síntomas traumáticos.

¿Acaso Margaret superó sus síntomas traumáticos porque regresó al pasado y «volvió a vivir» un relato literal de la experiencia que tuvo en la infancia? ¿O tuvo una experiencia de adulta en la que su organismo reunió creativamente fragmentos de varios acontecimientos distintos, de épocas y lugares diversos, a fin de apoyar el proceso de curación? Para que la primera explicación sea precisa, el hombre tuvo que haberla desatado y permitirle jugar en las hojas, y luego volver a atarla al árbol. Evidentemente, esto es posible. Pero ¿realmente ella habría disfrutado en una situación así? No parece probable. Lo que es más probable es que jugara con las hojas en otra ocasión y que esa imagen se incorporara como recurso para reforzar su vórtice curativo.

¿Y qué hay de la imagen del hombre con el pene fuera, que seguidamente destripa un conejo y la amenaza gritándole? ¿Parece un relato literal? De ser así, ¿de dónde sacó el hombre el conejo? Una vez más, es posible que esta historia constituya un relato verídico de lo que pasó. Sin embargo, hay otras muchas interpretaciones posibles.

Quizá el hombre le dijo que la destriparía como a un conejo. O en algún otro momento la asustó ver o leer una noticia sobre un conejo que era destripado. Su percepción sensible pudo haberle sugerido esa imagen como una metáfora de sus emociones. Sin duda, transmite la sensación de horror que una niña pequeña podría experimentar en una situación así.

Lo que realmente sucedió es que Margaret, ya de adulta, fue capaz de seguir los dictados creativos de su organismo. Su conciencia fluctuaba entre imágenes que evocaban el horror experimentado en la infancia (el vórtice del trauma) y otras imágenes que le permitían expandirse y sanar (el vórtice de la curación). Al permanecer en contacto con las sensaciones que acompañaban a estas imágenes, Margaret permitió a su organismo sentir una pulsación rítmica entre esos vórtices que le ayudó a sintetizar una nueva realidad mientras descargaba y sanaba su reacción traumática. Gracias a la guía del lenguaje de la percepción sensible, Margaret fue capaz de renegociar el terror que durante décadas después del terrible acontecimiento se instaló en su cuello y abdomen. La curación fue orquestada por la relación transformadora entre el vórtice de la curación y el vórtice del trauma.

Antes de aprender cómo funciona la percepción sensible, la mayoría de la gente responde a la aparición del vórtice curativo y a las sensaciones positivas que emanan de él silenciándolas o ignorándolas; en otras palabras, evitándolas. Las imágenes curativas pueden resultar desconcertantes cuando estamos atrapados en visiones aterradoras. En nuestro celo por recuperar más detalles del «recuerdo» de lo que sucedió, anulamos la expansión que el sistema nervioso busca tan desesperadamente y nos hundimos en el vórtice del trauma. El secreto de la curación de Margaret es que ella no actuó así. Cuando apareció la imagen del lecho de hojas, ella se entregó plenamente a las emociones asociadas y se alejó del terror y el miedo a estar atada al árbol. Las hojas (asociadas con el vórtice de curación) le permitieron afrontar los aspectos más profundos de su trauma sin sentirse desbordada. En consecuencia, se transformó en una persona más integral y con más recursos.

Renegociación y recreación

> Unos cinco meses antes de llegar a Júpiter, la sonda Galileo se tiene que separar de la nave nodriza. Esta maniobra debe orientar a la sonda con precisión, ya que carece de sistemas de navegación o propulsión... Mientras desciende hacia el planeta a una velocidad que le permitiría ir de Los Ángeles a Washington en noventa segundos, una entrada errónea podría proyectarla fuera de la atmósfera de Júpiter y lanzarla a la deriva en el espacio o quemarla y reducirla a cenizas (si entra en la atmósfera de Júpiter en un ángulo incorrecto).
>
> KATHY SAWYER, *International Herald Tribune*,
> sección de ciencia,
> 12 de octubre de 1989

La transformación del trauma no es un ritual mecánico que puedan realizar las personas traumatizadas para después sentarse, complacidas, a esperar los resultados. No hay una pastilla mágica. La transformación exige una voluntad de desafiar tus creencias básicas respecto a quién eres. Debemos tener fe para confiar en las respuestas y sensaciones que no podemos comprender del todo, y la voluntad de sentir cómo fluimos en armonía con las leyes primitivas y naturales que se harán cargo y equilibrarán nuestras percepciones aparentemente incongruentes. Las personas traumatizadas deben abandonar todo tipo de creencias y concepciones previas a fin de completar el viaje de regreso a la salud. Recuerda: la liberación no ocurre de golpe.

El siguiente diagrama (Fig. 5) representa a una persona que entra en un evento traumático (un viaje en una montaña rusa con un bucle invertido). En la recreación entramos en el bucle y, cuando nos colocamos boca abajo, nos sujetamos abrazando y tensionando todo nuestro cuerpo. No sabemos que la ley física de la fuerza centrífuga impedirá que nos caigamos y resultemos heridos o nos matemos. En la recreación experimentaremos terror o la euforia de la supervivencia, o ambas a la vez. También podemos volvernos adictos al alivio y el estremecimiento que tienen lugar cuando nos enfrentamos a nuestros temores más profundos. Sin embargo, no aprenderemos el verdadero control y liberación que tiene lugar en la transformación del trauma.

En la renegociación llegamos a comprender gradualmente estas leyes y fuerzas a fin de aprender a confiar y entregarnos a ellas. Podemos experimentar excitación sin sufrir tensión o terror. Podemos adquirir una verdadera sensación de control.

En Somatic Experiencing, la renegociación gira en torno a aprender a experimentar las leyes restauradoras naturales del organismo. Marius (capítulo nueve) y Margaret (en el presente capítulo) experimentaron sus sensaciones al recorrer el bucle de los vórtices del trauma y de la curación. Al abandonarse a las leyes naturales, lograron el control. Las fuerzas que aprendieron a dominar son centrífugas, como las que se activan al desplazarnos entre el vórtice del trauma y el vórtice de la curación. Al atravesar la turbulencia y entrar en el vórtice de

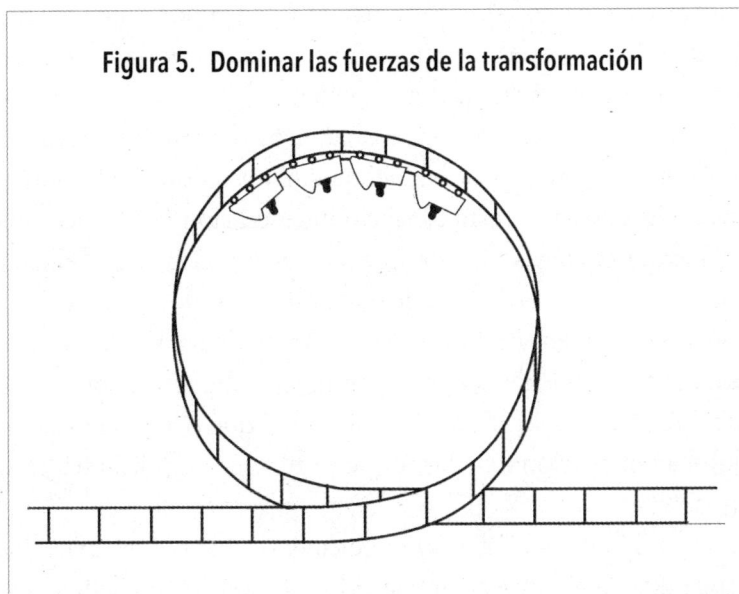

Figura 5. Dominar las fuerzas de la transformación

la curación, y a continuación desplazarse rítmicamente entre los dos, estos individuos traumatizados se dieron cuenta poco a poco de que no se los iba a tragar un agujero negro, que no arderían hasta quedar reducidos a ceniza ni serían propulsados al espacio exterior. Al recrear sus experiencias, Marius y Margaret quizá descubrieron que podrían sobrevivir. Sin embargo, no habrían aprendido las nuevas respuestas que les permitirían dominar las intensas fuerzas desencadenadas por los acontecimientos traumáticos. Cuando preparamos de forma correcta nuestras condiciones iniciales y nos alineamos (como la sonda espacial *Galileo*), podemos confiar en que las leyes naturales nos guiarán en nuestro viaje hacia la curación.

Uno de los aspectos más profundos y conceptualmente desafiantes en la curación del trauma tiene que ver con comprender el papel que desempeña la memoria. Muchos de nosotros tenemos la errónea y limitada creencia de que, para curar nuestros traumas, hemos de rastrear entre los recuerdos más terribles del pasado. Lo que sabemos a ciencia cierta es que nos sentimos heridos, fragmentados, desalentados, avergonzados, infelices, etc. En un intento por sentirnos mejor, buscamos la(s) causa(s) de nuestra infelicidad, con la esperanza de que encontrarla aliviará nuestra angustia.

Aun en el caso de que seamos capaces de rastrear «recuerdos» razonablemente precisos de un acontecimiento, esto no bastará para curarnos. Al contrario, este ejercicio innecesario puede hacernos recrear la experiencia y sumirnos nuevamente en el vórtice del trauma. La búsqueda de recuerdos puede engendrar más dolor y angustia, a la vez que contribuye a afianzar nuestra inmovilidad. El círculo vicioso se intensifica a medida que nos sentimos obligados a buscar otros acontecimientos explicativos («recuerdos») que den cuenta de nuestra desolación adicional. ¿Hasta qué punto son importantes esos recuerdos?

Existen dos tipos de memoria pertinentes para el trauma. Una de ellas funciona como una cámara de video que registra los acontecimientos secuencialmente. Recibe el nombre de memoria «explícita» (consciente) y almacena información; por ejemplo, lo que hiciste en la fiesta de anoche. La otra es la forma en que el organismo organiza la experiencia de acontecimientos significativos; por ejemplo, cómo andar en bicicleta. Este tipo de memoria recibe el nombre de «implícita» (procedimental) y es inconsciente. Tiene que ver con cosas en las que no pensamos; nuestros cuerpos se limitan a hacerlas.

En cierto sentido, las imágenes aparentemente concretas de la «memoria» de una persona traumatizada pueden ser las más difíciles de liberar. Esto es especialmente cierto cuando la persona ha intentado superar previamente una reacción traumática por medio de psicoterapias que fomentan la catarsis y la recreación emocional del episodio traumático como panacea para la recuperación. La catarsis refuerza la memoria como una verdad absoluta y consolida, inadvertidamente, el vórtice del trauma. La comprensión incorrecta de la memoria es una de las ideas erróneas que interfieren en el proceso de transformación.

¿QUÉ ES LA MEMORIA?

> La función del cerebro es escoger algo del pasado, limi-
> tarlo, simplificarlo, pero no preservarlo.
>
> HENRI BERGSON, *La mente creativa*, 1911

Bergson se adelantó a su época al afirmar que la función del cerebro no es preservar el pasado. Muchos teóricos nos dicen que la idea de que «sabes lo que sucedió porque lo recuerdas» es una ilusión producida por la necesidad humana de crear sentido a partir de diversos elementos de la experiencia. En *The Invention of Memory*, Israel Rosenfield explora con elocuencia el terreno de la experiencia consciente y llega a ciertas conclusiones sorprendentes, en concreto que la idea de la memoria tal y como normalmente la concebimos es inadecuada y engañosa. Argumenta que «no nos basamos en imágenes fijas, sino en recreaciones (imaginaciones) que el pasado ha moldeado para que resulten adecuadas para el presente». Gerald Edelman, que ganó el premio Nobel por sus trabajos en inmunología, da a este fenómeno el apropiado nombre de «presente recordado». En su libro *Basic Concepts in Eidetic Psychotherapy*,* Akhter Ahsen ha demostrado que existe una antítesis entre la creatividad y la memoria estática.

En lugar de registrar una secuencia lineal de acontecimientos, la memoria es algo así como armar un rompecabezas. En función de cómo se siente en ese momento, la mente selecciona colores, imágenes, sonidos, olores, interpretaciones y respuestas con una tonalidad emocional y un nivel de excitación similar, y a continuación los hace aflorar en diversas combinaciones para formar lo que llamamos memoria. En lo referente a la supervivencia, la memoria es un tipo particular de percepción, en vez de un registro exacto de un acontecimiento. En este sentido, es el proceso a través del cual el organismo crea una Gestalt (unidad funcional) de la experiencia. Esta Gestalt puede

---

* Brandon House, 1968.

ser una representación fidedigna de un evento real o tan solo una interpretación consistente en datos no relacionados entre sí y procedentes de eventos diferentes; en otras palabras, un mosaico. Esta es la razón por la que es habitual que los testigos ofrezcan descripciones tan asombrosamente distintas de un mismo incidente.

Cerebro y memoria

Durante más de cien años, los científicos han demostrado que el cerebro está dividido en áreas que son específicamente responsables de los distintos sentidos. Hay centros para la visión, el oído, el olfato, el gusto, el tacto, las sensaciones epiteliales, etc. La suposición predominante era que también deben de existir áreas del cerebro en las que los recuerdos quedan registrados como huellas completas de acontecimientos que el individuo ha experimentado. Repasemos los resultados de un par de experimentos que apoyaron o refutaron la validez de esta teoría.

Los experimentos de Penfield con pacientes epilépticos. Buena parte de la creencia popular de que nuestro cerebro conserva huellas fijas de memoria ha estado muy influida por el trabajo de Wilder Penfield, un eminente neurocirujano canadiense. En sus clásicos experimentos de la década de 1930 (recogidos en *El misterio de la mente*),* Penfield recurrió a una leve estimulación puntual con electricidad para explorar el cerebro de cientos de adultos conscientes que padecían epilepsia. Quería saber si había regiones cerebrales que podían extirparse quirúrgicamente (si no estaban implicadas en una función vital) a fin de eliminar los ataques epilépticos. Penfield informó lo siguiente: «De pronto, [su paciente] es consciente de todo lo que había en su mente durante una franja de tiempo anterior. Es la corriente de una conciencia anterior (o recuerdo) que vuelve a fluir... A veces es consciente de todo lo que ve en ese momento... Se detiene cuando le quitan el elec-

---

* Wilder Penfield, *El misterio de la mente*, Madrid, Ediciones Pirámide, 1977.

trodo... El recuerdo eléctrico es completamente azaroso... a menudo el acontecimiento no era significativo ni importante». Penfield (y quienes siguieron sus pasos) llegó a la conclusión de que había descubierto la existencia de recuerdos permanentes grabados en áreas específicas del cerebro. Hasta hace poco, otros científicos estaban de acuerdo. Sin embargo, las propias notas de Penfield aclaraban que la mayoría de aquellos *flashbacks* eran más parecidos a sueños que a recuerdos. A menudo, los pacientes decían cosas como «sigo soñando... sigo viendo cosas... soñando cosas». Además, de los más de quinientos pacientes estudiados por Penfield, solo cuarenta (menos del ocho por ciento) dijeron haber recordado experiencias de algún tipo.

Los experimentos de Lashley con ratas. De forma independiente, en la misma época en la que Penfield realizaba sus observaciones quirúrgicas, el psicólogo experimental Karl Lashley también intentaba descubrir las áreas del cerebro que almacenan las huellas de la memoria. Lashley realizó una extensa serie de experimentos muy espeluznantes en los que enseñaba a una serie de ratas a encontrar la salida a través de un laberinto y luego les extirpaba, sistemáticamente, partes del cerebro. Aun después de que su corteza cerebral hubiera sido completamente destruida, las ratas seguían siendo capaces de encontrar la salida del laberinto. Para sorpresa de Lashley, su recuerdo del laberinto permanecía hasta que a las ratas no les quedaba suficiente cerebro para hacer casi nada. Lashley invirtió casi treinta años de su vida en la búsqueda de la localización de la memoria en el cerebro. Nunca la encontró.

A pesar del gasto de cientos de millones de dólares y de los esfuerzos de algunas de las mentes científicas más brillantes, se ha encontrado poca evidencia de que exista una memoria completa con una ubicación específica en el cerebro. Esta sorprendente revelación ha provocado conjeturas y especulaciones con respecto a la naturaleza de la memoria. El trabajo pionero dirigido por Edelman, Rosenfield y Ahsen, entre otros, sobre la memoria nos ha proporcionado otra forma de entenderla. La idea de que la memoria no es un dispositivo de registro exacto invalida por completo nuestras ideas convencionales al respecto. Al hacerlo, ofrece un respiro a los individuos traumatizados, que se ven atrapados en una noria interminable al intentar reconstruir una película coherente de lo que les ha pasado.

Pero ¡parece tan real!

Si los recuerdos no son un registro literal de los acontecimientos, ¿por qué algunas de las imágenes creadas durante periodos de intensa excitación parecen tan reales? Investigaciones recientes sugieren que la realidad de una imagen se ve reforzada por la intensidad de la excitación que se asocia a ella. Pierre Gloor, un cirujano de Montreal que trabajó en la misma ciudad que Penfield cincuenta años más tarde, descubrió que los «recuerdos» de los que hablaba Penfield solo se activaban cuando los electrodos estimulaban simultáneamente las áreas sensoriales y la región límbica del cerebro. El área límbica del cerebro es, en gran parte, responsable de los sentimientos y las emociones. Gloor y sus colegas llegaron a la conclusión de que «un significado afectivo (emocional) o motivacional vinculado a una percepción tal vez sea... la condición previa para que la percepción se recuerde o experimente conscientemente, lo que implicaría que todos los acontecimientos percibidos conscientemente deben asumir algún tipo de dimensión afectiva, por leve que sea». En otras palabras, llegaron a la conclusión de que las emociones son esenciales para experimentar el recuerdo.

En otro estudio, William Gray descubrió que los delincuentes juveniles (a quienes intentaba enseñar nuevas conductas) solo lograban un cambio real cuando había un tono emocional asociado a sus percepciones. De otro modo, «olvidaban» lo que habían aprendido. Otros investigadores han profundizado en los descubrimientos de Gloor y Gray, y sus conclusiones son prácticamente idénticas. Una emoción o un sentimiento asociado es un requisito previo esencial para el recuerdo de una experiencia. Sin embargo, ¿qué ocurre cuando existe una excitación desmesurada?

Los eventos que suponen una amenaza para la vida estimulan la excitación. En respuesta, el sistema nervioso activa el modo supervivencia y el organismo tiene que tomar decisiones rápidamente. Para cumplir esta tarea, evalúa los elementos de la situación presente y activa el modo búsqueda. Compara el presente con el pasado en busca de una respuesta que contribuya a resolver el dilema actual. En este punto, la memoria registrada no sería útil porque no hay tiempo para examinar la lista. Necesitamos una visión global de inmediato.

Estas imágenes están organizadas en virtud de su nivel de excitación, activación, emoción y respuesta. Nuestras Gestalts de la experiencia están categorizadas en función de los niveles de activación que produjeron. Una biblioteca de varios pisos, con muchas estanterías con libros, podría servir como analogía. En los pisos inferiores hay libros con un bajo nivel de activación (excitación) y en los superiores se acumulan los libros con un nivel superior. Si imaginamos que los libros contienen imágenes y respuestas (imágenes relacionadas) correspondientes a ese nivel o categoría de activación, entonces en cada nivel habrá respuestas y recursos apropiados entre los que poder escoger. Cuando necesitamos una respuesta, no buscamos en toda la biblioteca, sino que examinamos los libros situados en el nivel de activación apropiado.

Por ejemplo, en una respuesta adaptativa ideal ante un incidente amenazador, el sistema nervioso busca imágenes significativas relacionadas y posibles respuestas en un contexto y un nivel de activación apropiados. A continuación, hace una selección y actúa en consecuencia. Busca, selecciona y actúa. Esta secuencia de amenaza-excitación tiene que incluir una respuesta activa, o se incurrirá en la parálisis y no se llevará a término.

Una respuesta mal adaptada a un evento amenazador jamás se completa a sí misma. Un ejemplo de esto lo encontramos cuando el sistema nervioso busca respuestas apropiadas incesantemente y sin éxito. Si fracasa a la hora de encontrar esta información crítica, se intensifican las emociones de ira, terror e impotencia. Esta escalada estimula una mayor activación y fuerza la búsqueda de imágenes significativas. Dado que las imágenes que se encuentran están asociadas a emociones traumáticas, las propias imágenes evocarán una mayor activación y no aportarán una respuesta apropiada para completar el proceso. A su vez, la intensificación de la excitación provoca una búsqueda más frenética de imágenes significativas. El resultado es una continua y progresiva espiral en la que buscamos imágenes almacenadas en nuestras estanterías. A medida que se intensifican nuestras emociones, aumenta nuestra desesperación por encontrar la respuesta apropiada a nuestra situación y empezamos a seleccionar indiscriminadamente cualquier imagen o «recuerdo». Todas las imágenes seleccionadas están relacionadas con estados emocionales similares y con un alto grado de excitación, pero no son necesariamente útiles para nuestra supervivencia en ese momento. Son el combustible del «vórtice del trauma».

Toda activación emocional emparejada a una imagen genera una experiencia de la memoria. Cuando una persona en un estado de desesperación selecciona imágenes asociadas a una tonalidad emocional similar, a pesar de que su contenido sea distinto, se crea un «recuerdo». A menudo, este recuerdo se considera la verdad absoluta de lo que ha sucedido. Dado el elevado nivel emocional vinculado a esta experiencia, la persona traumatizada cree que es verdad. ¿Y si alguien alcanza este intenso nivel emocional durante una sesión de terapia? Cualquier sugerencia o pregunta directa del terapeuta será incorporada casi con total seguridad a esta versión intensificada y más estrecha de la experiencia. La persona empezará a aceptar esta versión como la verdad absoluta, y se aferrará tenazmente a esa verdad emocional. Hay que comprender los recuerdos desde una perspectiva tanto relativa como absoluta.

Si no invertimos nuestro tiempo en encontrar una verdad literal, seremos libres para experimentar la sanación plena y compasiva que permite el intercambio rítmico entre el vórtice del trauma y el vórtice de la curación, tal y como tiene lugar en la renegociación. Cuando nos permitimos crear un «recuerdo» que no es necesariamente literal, como hizo Margaret, Marius y muchos otros, nos damos permiso para curarnos. Aunque no tengamos una convicción literal y emocionalmente limitada de «la verdad», accederemos a una perspectiva compasiva de nuestra propia vitalidad, fuerza y creatividad. Con frecuencia tenemos una sensación de lo que nos ha podido ocurrir en el pasado. Es prudente poner nuestros «recuerdos» en perspectiva y no forzarnos a aceptarlos como una verdad literal. Podemos aceptar estas ambigüedades del pasado como una mezcla de experiencias.

Recuerda: la memoria no es un registro continuo y coherente de lo que realmente sucedió. Es un proceso en el que ensamblamos elementos de nuestra experiencia para formar un todo coherente y organizado. Por otra parte, a menudo separamos en fragmentos los diversos elementos de una experiencia traumatizante para restar intensidad a las emociones y sensaciones. En consecuencia, es probable que solo algunos fragmentos del incidente traumático recordado sean plenamente fidedignos. En general, un «recuerdo» completo de una experiencia traumática es, probablemente, una compilación de elementos procedentes de diversas experiencias. Los elementos que son arrastrados hacia este «crisol» tienen su origen en las experiencias reales de los individuos, o en experiencias que han tenido mientras leían libros o periódicos, escuchaban historias, soñaban, veían una película, hablaban con un amigo (o un terapeuta), etc. En otras palabras, puede invocarse cualquier tipo de *input* informacional o sensorial con una tonalidad emocional o sentimental similar para producir «el recuerdo». En lo que respecta al organismo, todos estos elementos de la experiencia son equivalentes si transmiten un tipo de excitación y de impacto emocional similar.

Lo que la percepción sensible está intentando comunicar es que «así es como me siento». Sin embargo, como el estado de excitación activa una intensa respuesta de búsqueda, la persona que experimenta la excitación está predispuesta (correcta o incorrectamente) a interpretar cualquier información como la «causa» de la activación, es decir, como el recuerdo real del acontecimiento. Dado que las emociones que acompañan al trauma son muy intensas, el presunto recuerdo puede parecer más real que la vida misma. Además, si existe presión por parte de otros miembros del grupo, de terapeutas, de libros o de otros medios de comunicación, los individuos que experimentan angustia emocional buscarán la causa de su malestar y serán susceptibles a este tipo de recuerdos inventados. Así es como se producen los denominados falsos recuerdos.

Por desgracia, son muchos los terapeutas que recurren a técnicas de liberación emocional intensa para trabajar los síntomas traumáticos (o de otro tipo). Este tipo de presión emocional puede activar estados de gran excitación. Cuando esto sucede, afloran intensos collages de experiencias que son percibidos (según su grado de intensidad) como recuerdos «verdaderos». No importa que los recuerdos sean objetivamente fieles. Mucho más importante es saber si la activación asociada se intensifica o desaparece. Es fundamental que la activación no resuelta y almacenada en el sistema nervioso sea descargada. Esta transformación no tiene nada que ver con la memoria, sino que está relacionada con el proceso de completar nuestros instintos de supervivencia.

A algunas personas les resulta difícil aceptar la idea de que la memoria no es un registro continuo de la realidad. Se trata de una idea desconcertante. Los recuerdos relativos a dónde hemos estado y qué hemos hecho contribuyen en gran medida a nuestras ideas conscientes e inconscientes sobre quiénes somos. Son muchos los que consideran que sus recuerdos son una preciada posesión, aun cuando no se les reconoce conscientemente como la base de la propia identidad.

Si percibimos la memoria como un «conjunto heterogéneo» de información, imágenes y respuestas, le abrimos la puerta a la libertad. A menudo, un recuerdo fijo de acontecimientos registrados literalmente nos limita y confina. En cierto sentido, cuando nos aferramos fuertemente a la versión concreta de un recuerdo, nos vemos restringidos a actuar como siempre hemos hecho en relación con él. El dilema estriba en que el trauma no resuelto nos obliga a repetir lo que hemos hecho antes. No se nos ocurrirán con facilidad posibilidades nuevas y creativas. La clave para transformar el trauma es avanzar lentamente en la dirección de la flexibilidad y la espontaneidad.

Cuando estamos traumatizados, se produce una desorganización en el modo en que procesamos la información. El organismo se desorganiza y pierde buena parte de su fluidez y de su capacidad normal para categorizar la información. Esta función normal de autoorganización del organismo ha de ser restablecida. Si sentimos tendencia a centrarnos en los recuerdos (aun cuando sean fundamentalmente precisos), es importante comprender que esta decisión frenará nuestra capacidad para superar nuestras reacciones traumáticas. La transformación requiere un cambio. Una de las cosas que hay que cambiar es la relación que tenemos con nuestros «recuerdos».

SIN EMBARGO, ESTOY ORGULLOSO DE SER UN SUPERVIVIENTE

No hay futuro en el pasado.

Canción *country*

Quienes hemos padecido un trauma buscamos recuerdos de abusos o maltratos para explicar nuestros sentimientos de victimización e impotencia. También necesitamos sentirnos orgullosos en tanto que supervivientes. La capacidad de recordar un suceso atroz y saber que hemos sobrevivido es un elemento importante a la hora de afianzar la autoestima. Pese a su importancia, empalidece en comparación con la saludable sensación de resolución, control y empoderamiento que acompaña a la verdadera curación y transformación. El «orgullo del superviviente» nos indica que el funcionamiento sano intenta reafirmarse a sí mismo. Saber que has sobrevivido sienta bien porque permite que la identidad constreñida (traumatizada) disfrute de cierta expansión y empoderamiento. Puede aportarnos la fuente de nuestra identidad. Aspira a la culminación y es un buen lugar para empezar el viaje de curación.

Renunciar a la idea de que los recuerdos son representaciones concretas y fieles de acontecimientos pasados reales no significa renunciar a la experiencia de expansión y afirmación de la vida que tiene lugar al recorrer el camino del superviviente. Uno de mis pacientes, mientras trataba de superar el maltrato infantil que había sufrido a manos de los miembros de una pandilla de «barrio», me lo explicó así: «Ya no tengo que justificar mi experiencia con recuerdos».

Las sensaciones de placer y expansión son evidencias de que el organismo avanza hacia el vórtice de la curación. La clave para permitir que el vórtice de curación apoye el proceso de transformación reside en la capacidad para desprenderse de ideas preconcebidas sobre cómo «debería» ser recordado un acontecimiento. En otras palabras, tienes que conceder vía libre a la percepción sensible para comunicar lo que tiene que decir sin censurarlo. Paradójicamente, esto no niega la importancia liberadora de reconocer «lo que realmente pasó». Esta verdad se experimenta cuando nos movemos con fluidez entre el vórtice de la curación y el vórtice del trauma. Se genera una profunda aceptación del impacto emocional de los incidentes en nuestra vida, junto a la simultánea sensación de «despertar de una pesadilla». Uno despierta de este sueño con una sensación de asombro y alegría.

LA VALENTÍA DE SENTIR

Si quieres saber si un acontecimiento sucedió «realmente», solo puedo desearte suerte y repetirte lo que ya sabes. Tal vez estás asumiendo una tarea imposible. En mi opinión, ni este libro ni ninguna otra cosa te ayudará a conocer la verdad que estás buscando. En cambio, si tu objetivo primordial es curarte, aquí hay mucho material que te será de ayuda.

Si lo que quieres es curarte, el primer paso consiste en abrirte a la posibilidad de que la verdad literal no es la consideración más importante. La convicción de que realmente sucedió, el temor a que haya pasado o la sutil búsqueda de evidencias de que aquello aconteció pueden interponerse en tu camino cuando intentas escuchar lo que la percepción sensible quiere decirte en relación con lo que es necesario sanar.

Al comprometerte con el proceso de curación, aprenderás más sobre la verdad que se oculta detrás de tus reacciones. A pesar de la fragmentación que se instala después del trauma, el organismo retiene las asociaciones vinculadas a los acontecimientos que provocaron su

debilitamiento. La percepción sensible puede revelarte estos acontecimientos, o no. Debes repetirte a ti mismo que eso no importa. Porque si lo que deseas es curarte, no importa si conoces la verdad exacta.

Deseo y curación

El proceso de curación empieza en el interior. Incluso antes de que te
coloquen una escayola para proteger tus huesos rotos, los propios
huesos ya empiezan a soldarse por sí solos. Así como existen leyes físicas que afectan a la curación de nuestro cuerpo, hay leyes que influyen
en la curación de nuestra mente. Hemos visto cómo nuestro intelecto
puede anular algunas poderosas fuerzas instintivas que habitan en
nuestro organismo.

A veces, a los individuos traumatizados les interesa permanecer
enfermos y manifiestan cierto apego hacia sus síntomas. Hay innumerables razones (tanto fisiológicas como psicológicas) que explican este
apego. No creo necesario abordar con detalle esta cuestión. Lo importante es recordar que solo podremos curarnos en la medida en que nos
desvinculemos de esos síntomas. Es casi como si los síntomas se con-
virtieran en entidades propias a través del poder que les atribuimos.
Necesitamos liberarlas de nuestro corazón y nuestra mente, así como
liberar la energía almacenada en nuestro sistema nervioso.

Con un poco de ayuda de mis amigos

> En cuanto la aflicción de la mente ha sido conquistada,
> no regresa.
>
> Thrangu Rinpoche

Debo confesar que los milagros de curación de los que he sido testigo
evocan una expresión de orden y sabiduría tan elevados que resultan
difíciles de negar. La mejor forma de expresarlo tal vez sea decir que

en el universo existe una sabiduría natural innata cuyas leyes proporcionan orden. Sin duda, se trata de algo mucho más poderoso que la historia personal de cualquier individuo. El organismo, sometido a estas leyes, encuentra su camino incluso en las experiencias más horrendas que podamos imaginar. ¿Cómo puede suceder algo así si no existe dios, ni sabiduría, ni siquiera un tigre en el universo?

Las personas que han trabajado sus reacciones traumáticas suelen contarme que en su vida posterior reconocen una dimensión espiritual y otra animal. Son más espontáneas y menos inhibidas a la hora de expresar una alegría y una asertividad sanas. Se identifican más fácilmente con la experiencia de ser animales. Al mismo tiempo, se ven a sí mismas más humanas. Cuando el trauma se transforma, uno de los regalos que brinda la curación es el asombro propio de los niños y la reverencia hacia la vida.

Cuando nos sentimos abrumados por el trauma (y después despechados), nos sobrecogen las leyes naturales que están en vigor. Al perder nuestra inocencia, podemos acceder a la sabiduría y, en el proceso de conquista de la sabiduría, alcanzamos una nueva inocencia. El organismo instintivo no se instala en el juicio; tan solo hace lo que hace. Tú solo tienes que apartarte.

Al renegociar el trauma y desplazarnos entre el vórtice del trauma y el vórtice de la curación, participamos en la ley universal de la polaridad. Esta ley está a nuestro alcance como una herramienta que nos ayudará a transformar nuestro trauma. En este proceso también experimentamos directamente el pulso rítmico de la vida. A través de la utilización de las leyes universales, empezamos a reconocer los patrones cíclicos a partir de los que se entreteje nuestra realidad. En última instancia, esto puede desembocar en una mayor comprensión de la relación entre la vida y la muerte.

15

La hora límite: transformar el trauma social

A pesar de nuestras diferencias, todos somos semejantes. Más allá de la identidad y los deseos, hay una identidad común: una humanidad esencial cuya naturaleza es la paz y cuya expresión es el pensamiento y cuya acción es el amor incondicional. Cuando nos identificamos con nuestro yo interior, respetando y honrándolo en los demás, así como en nosotros mismos, experimentamos la curación en todos los ámbitos de nuestra vida.

JOAN BORYSENKO,
Minding the Body, Mending the Mind

La tecnología y el rápido crecimiento de la población traen consigo un mundo en el que el tiempo y la distancia apenas pueden separarnos. Al mismo tiempo, nos enfrentamos a graves amenazas a la humanidad y a nuestro planeta. Vivimos con guerras, terrorismo, la posibilidad de aniquilación por medio de «superarmas», una creciente brecha entre ricos y pobres, y la destrucción del medio ambiente. Los habitantes de las ciudades del interior de Estados Unidos destruyen arbitrariamente la propiedad y la vida cuando los efectos de la acumulación de años de estrés, trauma, hostilidad y opresión económica se inflaman. Los ricos engullen las empresas de sus competidores en una orgía alimentaria primitiva y ritual. La perspectiva es aún más sombría si consideramos el aterrador potencial de violencia en una generación de niños que pronto serán adultos y que han crecido en la drogodependencia.

A medida que crece la población mundial y nuestras comunidades están más interconectadas, es imperativo aprender a vivir y trabajar en armonía. Los problemas que tenemos nos destruirán si no somos capaces de trabajar juntos para resolverlos de un modo efectivo. Sin embargo, en lugar de negociar cuestiones económicas, étnicas y geográficas, los individuos y comunidades parecen inclinados a destruirse unos a otros. A menudo, las guerras tienen su origen en estas cuestiones. Pero ¿acaso son las verdaderas causas? Nuestra supervivencia como especie y la supervivencia de este planeta tal vez dependa de nuestra capacidad para responder a esta pregunta.

Las raíces de la guerra son profundas. Cualquier persona verdaderamente honesta reconocerá que todos tenemos capacidad tanto para la violencia como para el amor. Ambos son aspectos igualmente básicos de la experiencia humana. Para comprender las raíces de la guerra, aún resulta más significativo comprender la vulnerabilidad humana al trauma. No deberíamos olvidar que los efectos del trauma se reconocieron por primera vez a través de los aterradores síntomas manifestados por algunos soldados que volvían del frente. Como examinamos en el capítulo anterior, el trauma crea un impulso apremiante de recreación cuando no somos conscientes del impacto que tiene en nosotros.

¿Y si experiencias como la de la guerra empujan a comunidades enteras a la recreación masiva? Ante esta compulsión masiva e irracional, el «Nuevo Orden Mundial» pasaría a ser una polémica sin sentido. No se puede lograr una paz duradera entre pueblos en guerra sin curar antes los traumas provocados por el terrorismo, la violencia y el horror a gran escala. ¿Acaso el impulso de la recreación arrastra a las sociedades con una historia de conflictos a una confrontación después de otra? Pensemos en las evidencias y decidamos por nosotros mismos.

LA PERSPECTIVA ANIMAL DE LA AGRESIÓN

La mayoría de los animales exhibe conductas agresivas mientras se alimentan o aparean. Gracias a *National Geographic* y otros programas sobre la vida salvaje, estos comportamientos son muy conocidos. Los animales matan y devoran habitualmente a miembros de «otras» especies. En lo que respecta a los integrantes de su misma especie, la naturaleza parece haber trazado una frontera que los animales rara vez cruzan. Hay algunas excepciones, pero en líneas generales, los miembros de una misma especie rara vez se matan o se hieren gravemente entre sí. A pesar del intenso imperativo evolutivo que impulsa la agresión animal, la mayor parte de las criaturas salvajes tienen tabúes respecto a matar a su propia especie.

En el seno de las especies han evolucionado conductas ritualizadas que suelen prevenir las heridas mortales. Los animales de una misma especie exhiben estas conductas tanto en el propio acto de agresión como para señalar que la confrontación ha concluido. Por ejemplo, cuando dos ciervos machos se enfrentan uno al otro, utilizan sus cuernos para «trabar las cabezas». El propósito de este encuentro no es matar al otro ciervo sino establecer la supremacía. El enfrentamiento posterior se parece más a un combate de lucha libre que a un duelo a muerte. Cuando uno de los ciervos establece su superioridad, el otro abandona la zona y todo el asunto se da por concluido. Por otro lado, si el ciervo es atacado por un miembro de otra especie, como un puma, utilizará sus astas para cornear a su atacante.

De un modo similar, cuando se enfrentan a miembros de su misma especie, la mayoría de los perros y lobos muerden para provocar heridas, no para matar. En otras especies, la exhibición de color, plumaje, danza o una conducta hostil determina qué agresor se alzará con la victoria. Incluso los animales que han desarrollado algún medio de defensa especialmente letal no suelen usar esta ventaja contra miembros de su propia especie. Las pirañas luchan entre sí golpeándose con las colas; las serpientes de cascabel se embisten con la cabeza hasta que una de las dos se derrumba.

Es habitual que las conductas rituales señalen el fin de un encuentro agresivo entre miembros de una misma especie. Una confrontación entre dos animales suele terminar con alguna postura de sumisión (por ejemplo, cuando el animal más débil rueda sobre su espalda y expone completamente su vientre al vencedor). En el seno de las especies, estos gestos, igual que las diversas formas de combate ritualizado, son universalmente reconocidos y respetados. Algo muy notable si tenemos en cuenta que los miembros de la misma especie comparten idénticos requerimientos en cuanto a alimento, cobijo y reproducción. Sin embargo, hay una clara ventaja evolutiva. Al ayudar a definir las jerarquías sociales y reproductivas, estas conductas fomentan el bienestar general del grupo y mejoran la supervivencia última de la especie.

Agresión humana

En la época de los cazadores-recolectores, la lucha se limitaba, aparentemente, a las mismas conductas inhibidoras que resultan tan eficaces en las especies animales. Obviamente, esto no ocurre en el caso de los modernos humanos «civilizados». Al ser humanos, reconocemos la prohibición evolutiva de matar a miembros de nuestra misma especie, tal como hacen los animales. Por lo general, hay reglas y leyes que exigen alguna forma de castigo por dar muerte a un miembro de la propia comunidad, pero estas leyes no se aplican a los asesinatos que tienen lugar en la guerra.

Al observar atentamente la antropología de las guerras humanas, no vemos que matar o mutilar al enemigo sea un objetivo universal. En algunos grupos, al menos, encontramos evidencias de que existe una reticencia a participar de la violencia y la brutalidad a gran escala. Algunos pueblos recurren a conductas rituales que recuerdan mucho a la forma en que los animales afrontan la agresión. En las culturas esquimales no se tiene noticia de agresiones entre tribus o comunidades vecinas. En el seno de estas comunidades, el conflicto entre dos adversarios se resuelve mediante la lucha cuerpo a cuerpo, los golpes en las orejas o embestidas con la cabeza. Los esquimales también son conocidos por resolver los conflictos a través de duelos de canciones compuestas para la ocasión y en los que el público decide quién es el ganador. Algunas culturas «primitivas» ponen fin a sus escaramuzas cuando un miembro de la tribu resulta herido o muerto.

Estos son algunos de los ejemplos de conducta ritual humana, cuyo propósito es mantener el tabú contra el asesinato en el seno de la propia especie. Desde el punto de vista biológico, encontramos una criatura que se distingue fácilmente de otros animales por su inteligencia más que por sus fauces, garras, fuerza o veneno. ¿Acaso la inteligencia es un atributo destinado a ser utilizado al servicio de la tortura, la violación, la muerte y la violencia? Si escuchamos las noticias, podemos pensar que sí.

¿POR QUÉ LOS SERES HUMANOS MATAMOS, MUTILAMOS Y NOS TORTURAMOS UNOS A OTROS?

Incluso cuando compiten por los recursos más básicos (alimento y territorio), los animales no suelen matar a miembros de su propia especie. ¿Por qué nosotros sí? ¿Qué ha sucedido para propagar la violencia y las matanzas a gran escala a medida que la población humana crece en número y complejidad? Aunque proliferan las teorías sobre la guerra, hay una causa primordial que parece no haber recibido mucha atención.

El trauma se encuentra entre las causas primordiales de la forma adoptada por la guerra moderna. La perpetuación, escalada y violencia de la guerra pueden, en parte, atribuirse al estrés postraumático. Nuestros enfrentamientos del pasado han generado un legado de temor, distanciamiento, prejuicios y hostilidad. Se trata de un legado traumático que, en esencia, no es muy diferente al que experimentan los individuos, salvo en su dimensión.

La recreación traumática es una de las reacciones más intensas y duraderas que tiene lugar como consecuencia del trauma. En cuanto quedamos traumatizados, es casi seguro que, de algún modo, seguiremos repitiendo o recreando diversas partes de la experiencia. Seremos arrastrados una y otra vez a situaciones que nos recordarán al trauma original. Cuando las personas quedan traumatizadas por una guerra, las consecuencias son sobrecogedoras.

Repasemos lo que sabemos del trauma. Cuando las personas se traumatizan, su sistema interno permanece excitado. Adoptamos una actitud de hipervigilancia, pero somos incapaces de localizar la fuente de la amenaza omnipresente. Esta situación provoca más miedo y reactividad, y amplifica la necesidad de identificar la fuente de la amenaza. El resultado es que nos convertimos en probables candidatos de la recreación: buscamos al enemigo.

Imagina a toda una población que compartiera una historia postraumática similar. Ahora imagina a dos poblaciones con esas características que estén asentadas en la misma zona geográfica, tal vez con lenguas, razas, religiones o tradiciones étnicas diferentes. Las consecuencias son inevitables. La perturbadora excitación, con su constante percepción de peligro, queda ahora «explicada». Se ha localizado la amenaza: son ellos. Ellos son el enemigo. Se recrudece el impulso de matar, torturar y mutilar: estos dos «vecinos» parecen forzados a aniquilarse entre sí. Destruyen las casas, las esperanzas y los sueños del otro. Así, matan su propio futuro.

Aunque la guerra es compleja y no se puede atribuir a una única causa, las naciones que viven en estrecha proximidad manifiestan la inquietante tendencia a declararse la guerra. Se trata de un patrón repetido innumerables veces a lo largo de la historia. El trauma posee un alarmante potencial para recrearse en forma de violencia. Los serbios, musulmanes y croatas han reiterado su violencia como si se tratara de virtuales reediciones instantáneas de la Primera y la Segunda Guerra Mundial, y tal vez se remontan al Imperio otomano. Las naciones de Oriente Medio pueden rastrear sus repeticiones hasta tiempos bíblicos. En lugares donde las guerras no se reiteran con la ferocidad y brutalidad que observamos regularmente en todo el planeta, prevalecen otras formas de violencia. El asesinato, la pobreza, las personas sin hogar, el maltrato infantil, el odio y la persecución racial y religiosa están relacionados con la guerra. No se pueden evitar las secuelas traumáticas de la guerra; alcanzan a todas las capas de la sociedad.

Círculo del trauma, círculo de gracia

Los bebés sanos nacen con un complejo conjunto de conductas, sentimientos y percepciones. Estos elementos están concebidos para facilitar la exploración, la creación de vínculos y, más adelante, unas conductas sociales saludables. Si un bebé llega a una vida llena de estrés y trauma, estas conductas alentadoras encuentran serios obstáculos. En lugar de optar por la exploración y la creación de vínculos, estos bebés se inhiben y manifiestan conductas de miedo y evasión. Cuando se conviertan en adolescentes y jóvenes adultos, serán menos sociales y más propensos a la violencia. La exploración y la creación de vínculos sanos parecen ser antídotos que mitigan la violencia y el desorden.

Transformar el trauma cultural

Así como los efectos del trauma individual son susceptibles de ser transformados, las secuelas de la guerra también se pueden resolver socialmente. Las personas pueden y deben unirse con voluntad de compartir en lugar de luchar, para transformar el trauma en lugar de propagarlo. Es idóneo empezar con los niños. Pueden ser el puente que nos permite experimentar cercanía y vínculos con aquellos que antes habíamos considerado con animosidad.

Hace muchos años, el doctor James Prescott (que entonces trabajaba en el Instituto Nacional de Salud Mental de Estados Unidos), presentó una importante investigación antropológica sobre el efecto de las prácticas de crianza de niños y bebés sobre la conducta violenta en sociedades aborígenes.* Informó de que las sociedades que practicaban un vínculo social estrecho y usaban movimientos rítmicos estimulantes presentaban una baja incidencia de conductas violentas. Las sociedades con un contacto físico escaso o punitivo con sus hijos mostraban una clara tendencia a la violencia en forma de guerra, violación y tortura.

El trabajo del doctor Prescott (y otros) apunta a algo que todos sabemos intuitivamente: que el nacimiento y la infancia son un periodo crítico. Los niños asimilan la forman en que sus padres se relacionan entre sí y con el mundo a una edad muy temprana. Cuando los padres sufren un trauma, les cuesta enseñar a sus hijos un sentido básico de la confianza. Sin el recurso de la confianza, los niños son más vulnerables al trauma. Una solución para romper el ciclo del trauma consiste en implicar a madres e hijos en una experiencia que genere confianza y vínculos antes de que el niño absorba completamente la desconfianza de los padres en sí mismos y en los demás.

En Noruega se está llevando a cabo un excitante trabajo en este campo. Mi colega Eldbjörg Wedaa y yo mismo estamos utilizando todo lo que sabemos sobre este periodo crítico de la infancia. Este enfoque permite que todo un grupo de personas empiece a transformar los restos traumáticos de incidentes previos. El método requiere una habitación, algunos instrumentos musicales y cobijas lo suficientemente resistentes como para sostener el peso de un bebé.

El proceso es el siguiente: un grupo formado por madres y bebés de facciones opuestas (religiosas, raciales, políticas, etc.) se reúne en una casa o centro comunitario. El encuentro empieza con el grupo mixto de madres e hijos turnándose para enseñarse sencillas canciones folclóricas de sus respectivas culturas. Mientras sostienen a sus bebés, las madres los mecen y bailan mientras cantan las canciones a sus hijos. Un ayudante utiliza instrumentos sencillos para aportar ma-

---

* «Body, Pleasure, and the Origins of Violence», *Futurist Magazine*, abril/mayo, 1975, *Atomic Scientist,* noviembre, 1975.

yor ritmo a las canciones. El movimiento, el ritmo y el canto refuerzan los patrones neurológicos que producen receptividad y una atención pacífica. En consecuencia, la hostilidad que es fruto de conflictos enquistados durante generaciones empieza a desvanecerse.

Al principio, los niños están perplejos ante este vaivén, pero pronto se interesan y se implican más. Les entusiasman las sonajas, los tambores y las panderetas que el ayudante les presta. Normalmente, sin estimulación rítmica, los niños de esta edad no harán otra cosa que llevarse los objetos a la boca. Sin embargo, aquí los niños se unirán al ritmo con gran placer, y a menudo con arrullos y exclamaciones de júbilo.

Dado que los bebés son organismos muy desarrollados al nacer, envían señales que activan la más profunda serenidad, receptividad y competencia biológica en sus madres. En esta relación sana, las madres y sus pequeños se alimentan entre sí en un intercambio de respuestas fisiológicas mutuamente gratificantes, que a su vez genera sentimientos de placer y seguridad. Aquí es donde empieza a transformarse el ciclo de la herida traumática.

La transformación continúa cuando las madres colocan a los bebés en el suelo y les permiten explorar. Como alegres imanes, los pequeños se buscan entre sí, superando la barrera de la timidez, mientras las madres alientan su exploración formando un círculo a su alrededor. La sensación de conexión mutua producida por esta pequeña aventura es difícil de describir o imaginar; hay que verlo.

El gran grupo se divide entonces en grupos más pequeños, cada uno de ellos formado por una madre y un bebé de cada cultura. Las dos madres acunan suavemente a sus bebés en una cobija. Estos bebés no solo están felices, sino completamente «en éxtasis». Generan un entorno lleno de un amor tan contagioso que pronto las madres (y los padres, cuando resulta culturalmente apropiado) se sonríen unas a otras y experimentan un profundo vínculo con miembros de una comunidad que antes temían y que suscitaba su desconfianza. Las madres salen con el corazón y el espíritu renovado, y deseosas de compartir esta emoción con otras personas. Es un proceso que prácticamente se replica a sí mismo.

La belleza de este enfoque de curación comunitaria radica en su simplicidad y eficacia. Un ayudante externo inicia el proceso liderando al primer grupo. A continuación, algunas de las madres que han participado reciben formación para oficiar como ayudantes de otros grupos. Las cualidades fundamentales que requiere un ayudante son una intensa sensibilidad a la cadencia y a los vínculos interpersonales. Nuestra experiencia nos dice que, en ciertos individuos, estas habilidades se pueden aprender fácilmente a través de una combinación de experiencia participativa y algunas explicaciones. Una vez formadas, las madres se convierten en embajadoras de la paz en sus propias comunidades.

«Dame un punto de apoyo —dijo Arquímedes— y moveré el mundo.» En un mundo lleno de conflictos, destrucción y trauma, encontramos este punto de apoyo en la íntima pulsación rítmica y física entre madre e hijo. Experiencias como esta pueden unir a la gente e invitarla a vivir en armonía. El impacto del trauma es diferente en cada uno de nosotros. Todos hemos de estar dispuestos a aceptar la responsabilidad de nuestra propia curación. Si seguimos luchando unos contra otros, la curación que la mayoría anhela no será más que un sueño.

Las naciones vecinas pueden romper el ciclo generacional de destrucción, violencia y trauma reiterado que los retiene como si fueran rehenes. Gracias a la capacidad del organismo para registrar una vitalidad pacífica, aun atrapado en la red de la defensa traumática, todos podemos hacer que nuestras comunidades sean seguras para nosotros mismos y nuestros hijos. En cuanto establezcamos comunidades seguras podremos empezar el proceso de curación en nosotros mismos y en el mundo.

¿Epílogo o epitafio?

Un aldeano armenio se lamenta así: «Tendrán que pasar cien años antes de que pueda volver a hablar con mi vecino». En las ciudades interiores de Estados Unidos, la presión arrecia hasta el punto del caos y la destrucción. En Irlanda del Norte, personas solo separadas por cuerdas de tender la ropa y religiones diferentes observan a sus hijos pelear entre sí en lugar de jugar juntos.

Los seres humanos no traumatizados prefieren vivir en armonía, si es posible. Sin embargo, el residuo traumático forja la creencia de que somos incapaces de superar nuestra hostilidad, y ese malentendido siempre nos mantendrá alejados unos de otros. La experiencia de la generación de vínculos descrita anteriormente es solo un ejemplo de los muchos conceptos y prácticas que podrían utilizarse para afrontar este grave dilema. Si hay tiempo y dinero, podremos desarrollar otras formas de unir a mujeres embarazadas, niños de más edad y padres en un círculo de coexistencia pacífica.

Estos planteamientos no son la panacea, pero sí un lugar por el que empezar. Nos ofrecen esperanza ahí donde las soluciones políticas, por sí solas, no han funcionado. El Holocausto, los conflictos en Iraq y Yugoslavia, los disturbios en Detroit, Los Ángeles y otras ciudades; todo ello ha sido traumático para la comunidad mundial. También reflejan, de manera muy gráfica, el precio que pagaremos como sociedad si permitimos que se repita el ciclo del trauma. Debemos ser diligentes en la búsqueda de soluciones eficaces. La supervivencia de nuestra especie podría depender de ello.

La naturaleza no es tonta

El trauma no puede ser ignorado. Es un aspecto inherente a la biología primitiva que nos ha traído hasta aquí. La única forma de liberarnos, tanto individual como colectivamente, de la recreación de los legados traumáticos consiste en transformarlos por medio de la renegociación. Debemos transformar estos legados a través de experiencias grupales, prácticas chamánicas, o bien individualmente.

IV

Primeros auxilios

16

Administrar primeros auxilios (emocionales) después de un accidente

Este capítulo detalla un procedimiento paso a paso para trabajar con adultos. Ofrecemos un ejemplo básico de lo que ocurre cuando tiene lugar un accidente y cómo ayudar a evitar que se desarrolle un trauma a largo plazo. Recurre siempre a tu sentido común para valorar las circunstancias específicas a las que te enfrentas. Aquí nos limitamos a ofrecer algunas pautas de acción.

FASE 1: ACCIÓN INMEDIATA (EN EL LUGAR DEL ACCIDENTE)

- Si se requiere atención médica para salvar la vida, por supuesto que tiene prioridad.
- Mantén a la persona caliente, estirada e inmóvil; a menos que sea más peligroso quedarse donde está.
- No permitas que se levante bruscamente, cosa que esa persona estará muy tentada de hacer. La sensación de tener que hacer algo, de actuar de algún modo, puede frustrar la necesidad esencial de quietud y la descarga de energía. La persona podría negar la magnitud del accidente y actuar como si estuviera bien.
- Permanece junto a la persona herida.
- Asegúrale que vas a quedarte a su lado y que la ayuda viene en camino (si es el caso). Está herida, pero se va a poner bien. (Ob-

viamente, aquí hay que aplicar el buen juicio: tal vez no quieras decir esto si está herida de gravedad.)

- Mantén caliente a la persona, cubriéndola con una cobija ligera.
- Si el accidente no ha sido grave, anima al sujeto a experimentar sus sensaciones corporales, entre ellas: «descarga de adrenalina», entumecimiento, temblores y agitación, sensación de frío o calor.
- Permanece atento para ayudar a la persona en su descarga.
- Dile que no solo es bueno que tiemble, sino que le ayudará a liberarse del *shock*. Sentirá alivio en cuanto el temblor desaparezca y tal vez perciba calor en manos y pies. Su respiración debería ser más plena y relajada.
- Esta fase inicial podría durar fácilmente unos 15-20 minutos.
- Cuando llegue la ayuda, quédate, si es posible, junto a la persona herida.
- Si es necesario, busca a alguien que te ayude a procesar el incidente.

Fase 2: una vez que la persona es trasladada a casa o al hospital

- Mantenla inmóvil y descansando hasta que salga de la reacción de *shock* agudo.
- Las personas heridas deberían tomarse uno o varios días libres en el trabajo para recuperarse. Esto es importante aunque consideren que su lesión no justifica quedarse en casa. (Esta resistencia puede ser un mecanismo de defensa y negación muy habitual provocado por el sentimiento de impotencia.) Las lesiones comunes, como el latigazo cervical, tardan más tiempo en curarse si se descarta esta fase de recuperación inicial. Uno o dos días de reposo bastan para asegurarse.
- En esta segunda fase, es probable que el superviviente del accidente empiece a enfrentarse a sus emociones. Deja que estas

fluyan sin emitir ningún juicio crítico. Las más habituales son ira, miedo, tristeza, culpa o ansiedad.

- La persona herida puede seguir experimentando sensaciones corporales como temblores, escalofríos, etc. Entra dentro de lo normal.

FASE 3: EMPEZAR A ACCEDER Y A RENEGOCIAR EL TRAUMA

A menudo, esta fase coincide con la fase 2 y es esencial para acceder a la energía acumulada del trauma, a fin de que esta se libere totalmente.

Akhter Ahsen ha estudiado los detalles de lo que le sucede a una persona antes, durante y después de un acontecimiento traumático. Es importante ayudar a los sujetos a recordar las imágenes, emociones y sensaciones periféricas que experimentaron al respecto, y no solo las directamente relacionadas con el incidente.

- Sé consciente de que, a lo largo de cualquiera de estas fases, las personas se pueden activar y poner nerviosas al hablar de sus experiencias. Tal vez su respiración se altere y se acelere. Su ritmo cardiaco puede aumentar, o pueden empezar a sudar. Si esto sucede, dejen de hablar de su experiencia y concéntrense en las sensaciones que experimentan en su cuerpo; por ejemplo, «me duele el cuello» o «siento malestar en el estómago».
- Si no estás seguro, pregúntale a la persona qué siente.
- Cuando el sujeto parezca más tranquilo y relajado, adéntrense en un relato más detallado de la experiencia y sus sensaciones. Tal vez aún perciba un ligero temblor o agitación. Asegúrale que es natural. Hazle saber que la respuesta de activación está disminuyendo y que estás trabajando lentamente para hacer aflorar la energía y descargarla. Este proceso se conoce como valoración (dar un pequeño paso tras otro).

A continuación, ofrecemos algunos ejemplos de lo que se puede experimentar en cada fase de este proceso y el orden en el que seguir los diversos pasos.

Antes de que el incidente haya tenido lugar
- Acción: salí de casa y subí al coche.
- Sensaciones: puedo sentir cómo giro el volante con las manos y cómo mi cabeza se voltea para mirar atrás.
- Emociones: me siento disgustado.
- Imagen: manejo por la autopista y veo una salida.
- Pensamiento: podría haberla tomado, pero no lo hice. (Anima a la persona a dar la vuelta, o a tomar esa salida. Le ayudará a reorganizar la experiencia y liberar el trauma, aunque el accidente haya tenido lugar.)
- Concede un tiempo para que se produzca la descarga corporal.

Después del incidente
Ahora repasa los detalles de lo que sucedió después del evento.

- Imagen o recuerdo: estoy en la sala de urgencias. Los médicos hablan de mí: «Este tipo está destrozado, no tiene opciones».
- Emoción: me siento culpable.
- Pensamiento: de haber prestado atención, podría haberlo evitado.
- Si la persona se activa, debe regresar al momento presente, concentrándose en las sensaciones corporales hasta que se descargue la energía. En cuanto esto ocurra, podrás reconducirlo suavemente a los detalles de lo que aconteció. Como he dicho antes, después del temblor y la descarga, la persona sentirá alivio y calor en las extremidades, y podrá respirar con más facilidad.

Justo antes del incidente
Una vez examinados con éxito los detalles de lo que ocurrió antes y después del accidente, repasa las emociones, sensaciones e imágenes

relacionadas con el primer momento en que se reconoció el peligro inminente. La secuencia podría ser algo así:

- Imagen: recuerdo ver un parachoques amarillo acercándose por el lado izquierdo del coche. También vi una señal de alto, y que el coche no se había detenido.
- Emoción: estaba enojado porque el conductor no prestaba atención.
- Sensación: sentí mi espalda tensa mientras aferraba el volante.
- Pensamiento: hubo un súbito reconocimiento: «¡Oh, Dios mío, va a suceder... Voy a morir!».

Tal vez descubras que, en cuanto tiene lugar la descarga, cambian las imágenes del acontecimiento.

FASE 4: EXPERIMENTAR EL MOMENTO DEL IMPACTO

Cuando las personas rememoran el momento del impacto, tal vez oigan cristales rompiéndose, o sonidos de metal, o vean sus cuerpos retorciéndose o saliendo despedidos. Explora todo cuanto se presente mediante la percepción sensible. En cuanto las reacciones se manifiestan, es posible que el cuerpo empiece a moverse (normalmente con suavidad). Deja entre quince o veinte minutos para que concluyan los movimientos del cuerpo, y facilita la descarga de energía concentrándote en las sensaciones corporales. Después de la descarga, las personas experimentan una sensación de alivio, normalmente seguido de emociones de calor en las extremidades.

La persona puede sentir que su cuerpo se desplaza rápidamente en dos direcciones; por ejemplo: «Cuando salí despedido hacia el parabrisas sentí que los músculos de la espalda se tensaban y me arrastraban en la dirección contraria». Asegúrale que todo esto está bien y permítele repasar «poco a poco» la secuencia. Ahora ciertas personas podrían volver a experimentar algunas de las reacciones agudas del *shock*, como convulsiones y temblores. Apóyalas y admite que están haciendo progresos.

También es posible que algunas personas imaginen que evitan completamente el accidente. O pueden saltar de una a otra de las fases que hemos descrito aquí. Esto está bien siempre y cuando no eludan por completo algunos aspectos, especialmente los del momento del impacto.

Es importante permanecer en esta fase hasta que el sujeto experimente una completa sensación de alivio. Su respiración será más fluida y su ritmo cardiaco se estabilizará. Lograrlo puede llevar una hora. Puedes continuar donde lo dejaste y seguir el proceso durante dos o tres días si es necesario. Esto es preferible a forzar las cosas para acabar en una sola sesión. Tal vez sea necesario que guíes progresivamente a la persona a las áreas incompletas, las veces que sea necesario y hasta llevarlas a buen término.

Para concluir

Tras alcanzar el punto en el que todas las fases se han completado satisfactoriamente, describe otra vez la experiencia completa y repara en la activación. Si la persona aún se siente incómoda, quizá hayamos olvidado algo, o tal vez se resuelva en esta revisión final de todo el proceso. Suspende el trabajo a menos que los síntomas persistan o afloren más tarde. De ser necesario, repasa las fases.

Es posible que surjan emociones o recuerdos vinculados a otras experiencias. Si es así, puedes iniciar el mismo proceso que acabamos de recorrer para gestionar otros traumas no resueltos o que no guarden relación con el que hemos tratado. Sin embargo, tal vez este proceso sea mucho más lento y se prolongue durante más tiempo. Si alguien presenta un patrón o una tendencia a sufrir accidentes, esto puede prevenir incidentes futuros, al restablecer la resiliencia innata de la persona y su capacidad de orientarse y responder.

Escenario de curación después de un accidente

Iba manejando cuando un coche, que se saltó una señal de alto, entró de pronto en la carretera desde una calle lateral en un cruce. El otro conductor no me vio a tiempo y se estrelló contra el lado izquierdo de mi coche. Yo tampoco lo vi hasta el último momento y no pude maniobrar para evitar el accidente.

Me quedé inmóvil en el coche por un momento, anonadado. En cuanto supe que me encontraba bien, salí del coche para comprobar los daños. Aunque las abolladuras eran serias, no me preocupé mucho, porque el tipo tenía seguro y el informe de la policía demostraría que había sido culpa suya. También me puse a pensar que, de todos modos, al coche le hacía falta una mano de pintura. Me sentía muy bien, casi eufórico. Me complació la facilidad con la que pasé del accidente a una complicada reunión de empresa más tarde, ese mismo día. Estaba preparado para la reunión y la llevé muy bien. Al día siguiente empecé a sentirme nervioso. Me sorprendió la rigidez en el cuello y hombro y brazo derechos, porque había recibido el golpe en el lado izquierdo.

Al repasar lo que había sucedido ese día antes del accidente (la periferia del incidente) y trabajar en el suceso con su amigo Tom, Joe (lo llamaremos así) recordó haber subido al coche para ir a trabajar estando muy enojado con su mujer. Mientras se detiene en estos recuerdos, advierte que tiembla y tiene la mandíbula apretada. Su cuerpo empieza a sacudirse y parece a punto de perder el control. Su amigo Tom le asegura que todo va a salir bien. En cuanto Joe deja de temblar y siente cierto alivio, continúan explorando los detalles anteriores al accidente.

Joe recuerda haber dado marcha atrás en la calzada y haber girado la cabeza a la derecha para ver por dónde iba. Siente cómo sus manos giran el volante, y al mismo tiempo, debido a su enojo, pisa el acelerador más de la cuenta. Su pierna derecha se tensa mientras dirige el pie hacia el freno para desacelerar (percibe esta acción en los músculos de sus piernas). Animado por su amigo Tom, Joe se toma su tiempo para sentir la tensión y relajación de su pierna derecha. Cuando pasa del acelerador al freno y vuelve a acelerar, siente cierto temblor en las piernas.

A continuación, Joe recuerda ir manejando por la calle y pensando en que quiere regresar a casa para hablar con su mujer. Animado por Tom, imagina que da la vuelta para regresar, y entonces el dolor de su brazo derecho se intensifica. Al concentrarse en esa sensación, el dolor empieza a disminuir. Se concentran en el deseo de regresar. En esta ocasión, Joe es capaz de dar la vuelta en su cuerpo y en su mente, y se imagina volviendo a casa para arreglar las cosas con su mujer. Le dice que se siente herido porque en la fiesta de la noche anterior, ella pareció ignorarlo. Ella le explica que solo quería sentir que era capaz de mezclarse e interactuar con los demás sin depender de él. Le dice que no es nada personal y que para ella su relación va muy bien. Joe se siente aliviado y tiene la sensación de que acepta y comprende mejor a su mujer. También se pregunta si habría visto venir al coche de haber resuelto previamente el asunto con ella. En este punto, Joe percibe cierto alivio. Se siente un tanto responsable de su participación en el accidente, aunque la otra persona tuvo claramente la culpa al saltarse la señal de alto.

A continuación, Tom le pide a Joe que describa los detalles de la carretera justo antes del accidente, aunque Joe asegura no recordar lo que sucedió. Mientras Joe empieza a describir lo que puede recordar, siente que sus hombros se tensan y se levantan. Tiene la sensación de que su cuerpo es empujado hacia la derecha, y después ve la imagen de una sombra parpadeante. Tom le pide a su amigo que mire a la sombra, y al hacerlo, Joe atisba el color amarillo de un coche (respuesta de orientación). Cuando Joe intenta obtener más detalles de la imagen, descubre que a través del parabrisas ve el parachoques frontal y la cara del conductor. Por la cara de aquel hombre, Joe deduce que no se ha percatado de haberse saltado una señal de alto; parece inmerso en sus pensamientos. Tom pregunta a Joe qué siente y este le responde que odio hacia aquel hombre y que quiere destrozarlo. Tom anima a Joe a imaginar que destroza el otro vehículo. Joe imagina que aferra un gran martillo y hace añicos el otro coche. Ahora experimenta un aumento de la activación (más que antes). Sus manos tiemblan y sufren sacudidas, y están frías. Tom emplea palabras tranquilizadoras para ayudar a Joe a liberar energía. Poco después, la respiración de Joe se regula, se relaja la tensión en hombros y mandíbula, y el temblor se apacigua. Ahora siente alivio y una sensación de calidez en las manos. Se siente relajado y alerta a la vez.

Ahora Joe advierte que levanta los hombros y los inclina a la derecha. Es consciente de que sus manos pretenden girar el volante a la derecha justo cuando oye el ruido que produce el metal al chocar y deformarse. Tom pide a Joe que, de momento, ignore el accidente, se concentre en la sensación y complete el giro a la derecha. Joe gira con su cuerpo y «evita» el accidente. Lo invade una secuencia de temblor leve que se ve rápidamente sustituida por un gran alivio, aunque sabe que el accidente ha sucedido en realidad.

Tom le pide a Joe que regrese al punto en el que vio el parachoques amarillo y al hombre a través del parabrisas. A partir de aquí avanzan hasta el momento en el que oye el ruido del metal. En cuanto accede a estas imágenes, Joe siente cómo su cuerpo es arrojado hacia la izquierda, mientras, al mismo tiempo, se siente arrastrado en dirección opuesta. Siente como si lo empujaran hacia delante a la vez que sus músculos de la espalda intentan, sin éxito, llevarlo hacia atrás. Tom anima a Joe a sentir los músculos de su espalda. Joe experimenta una tensión creciente mientras se concentra en los músculos. A continuación, experimenta una ligera sensación de pánico. En ese momento, los músculos de la espalda de Joe se liberan y empieza a sudar. Tiembla y sufre convulsiones durante unos minutos. Tras esto, se siente seguro y en paz.

Joe sabe que el accidente ha tenido lugar. Sabe que ha intentado evitarlo. Sabe que quería volver para hablar con su mujer. Cada una de estas experiencias son igual de reales para él. No parece que una sea real y las otras, inventadas; parecen diferentes resultados de un mismo acontecimiento, igual de reales.

A los pocos días de liberar la energía acumulada en el trauma, los síntomas que Joe había sentido en la espalda y en el brazo derecho se aliviaron considerablemente. Es importante admitir que el dolor que sufría estaba relacionado con impulsos que no había completado. El primer impulso fue girar el volante hacia la derecha y dar la vuelta para hablar con su mujer. El segundo fue girar a la derecha para evitar el accidente. El tercero fueron los músculos de su espalda, que intentaban arrastrarlo hacia atrás. Al ser animado a «completar» cada una de estas acciones, Joe fue capaz de liberar la energía acumulada y asociada a los impulsos, incluso después del acontecimiento.

Podemos ver que este proceso ofrece una vía para completar las respuestas y que las imágenes se conecten (se asocien) entre sí. Las imágenes constreñidas se expanden, y la energía acumulada se libera por medio de la descarga gradual y la culminación; paso a paso.

17

Primeros auxilios para niños

Johnny, de cinco años de edad, anda orgulloso en su primera bicicleta, resbala en la grava suelta y se estrella contra un árbol. Pierde el conocimiento momentáneamente. Se incorpora llorando a lágrima viva, se siente desorientado y de alguna manera diferente. Sus padres lo abrazan, lo consuelan y vuelven a subirlo a la bicicleta, sin dejar de elogiar su valentía. No se dan cuenta de lo confuso y asustado que está.

Años después de este incidente aparentemente menor, y mientras maneja con su mujer y sus hijos, John gira bruscamente para evitar colisionar con otro vehículo. A mitad del giro se queda petrificado. Por suerte, el otro conductor maniobra con éxito y evita una catástrofe.

Días después, por la mañana, John empieza a sentirse nervioso mientras maneja al trabajo. Su corazón late acelerado; tiene las manos frías y sudorosas. Sintiéndose amenazado y atrapado, tiene el impulso repentino de saltar del coche y huir. Reconoce la «locura» de estas sensaciones, advierte que nadie ha resultado herido y, poco a poco, los síntomas remiten. Sin embargo, una vaga y molesta aprensión persiste durante la mayor parte del día. Al volver a casa esa tarde, sin sufrir ningún incidente, se siente aliviado.

A la mañana siguiente, John sale temprano para evitar el tráfico y se queda hasta tarde en la oficina, en una reunión de trabajo. Al llegar a casa, está tenso e irritable. Discute con su mujer y regaña a los niños. John se acuesta temprano. Despierta en mitad de la noche y recuerda débilmente un sueño en el que pierde el control de su coche. Está empapado de sudor. Siguen otras noches agitadas.

John está experimentando una reacción diferida, provocada por el accidente de bicicleta que tuvo en su infancia. Por increíble que parezca, este tipo de reacciones postraumáticas son habituales. Después de haber trabajado durante más de veinticinco años con personas que han padecido traumas, puedo decir que al menos la mitad de mis pacientes han manifestado síntomas traumáticos que han permanecido aletargados un significativo periodo de tiempo antes de salir a la superficie. Para muchas personas, el intervalo entre el acontecimiento y el inicio de los síntomas oscila entre las seis semanas y los dieciocho meses. Sin embargo, el periodo de latencia puede durar años e incluso décadas. En ambos casos, las reacciones suelen manifestarse a partir de incidentes aparentemente insignificantes.

Evidentemente, no todo accidente en la infancia produce una reacción traumática diferida. Algunos no presentan ningún tipo de efecto residual. Otros, incluso aquellos que se consideran «irrelevantes» o bien acontecimientos olvidados de la infancia, pueden tener secuelas significativas. Una caída, una intervención quirúrgica aparentemente inocua, la pérdida de un progenitor por muerte o por divorcio, una enfermedad grave, incluso la circuncisión y otros procedimientos médicos rutinarios pueden desencadenar reacciones traumáticas en una fase posterior de la vida, en función de cómo el niño lo experimentó en su momento.

De todos estos antecedentes traumáticos, los procedimientos médicos son, de lejos, los más comunes, y pueden ser los más impactantes. Muchos hospitales amplifican (sin pretenderlo) el miedo de un niño ya asustado. Al prepararlos para algunos tratamientos rutinarios, los niños pequeños son atados para evitar que se muevan. Sin embargo, un pequeño que se mueve hasta el punto de necesitar sujeción está tan asustado que la contención tendrá consecuencias. Igualmente, un niño muy aterrorizado no es un buen candidato para la anestesia hasta que recupere la tranquilidad. Un niño al que se anestesia mientras está asustado quedará traumatizado, a menudo de forma severa. Los niños se traumatizan si se les administra insensiblemente un enema o se les coloca un termómetro.

Buena parte del trauma asociado a los procedimientos médicos se puede prevenir si los profesionales de la salud hacen lo siguiente:

• Animar a los padres a quedarse junto a sus hijos.
• Explicar previamente todo cuanto sea posible.
• Retrasar los procedimientos hasta que los niños se tranquilicen.

El problema es que pocos profesionales comprenden el trauma y los efectos duraderos y generalizados que estos procedimientos pueden provocar. Aunque el personal médico suele estar muy comprometido con el bienestar del niño, tal vez necesiten más información por parte del consumidor.

Primeros auxilios para accidentes y caídas

Los accidentes y las caídas son una parte constitutiva y a menudo benigna del crecimiento. Sin embargo, en ocasiones, un niño puede sufrir una reacción traumática tras uno de estos sucesos cotidianos. Ser testigo de uno de estos contratiempos no necesariamente te dará una pista de su grado de severidad. Un niño se puede traumatizar por acontecimientos que pueden parecer relativamente insignificantes para un adulto. Es importante ser consciente de que a los niños se les da muy bien disimular las señales del impacto traumático, especialmente si tienen la sensación de que «no hacerse daño» hace felices a mamá y papá. Tu mejor aliada a la hora de responder a las necesidades de tu hijo es la perspectiva de la información.

A continuación tienes algunas pautas.

Atiende primero a tus propias respuestas, reconociendo interiormente tu miedo y preocupación por el niño herido. Respira profundamente y exhala con lentitud; percibe las sensaciones que hay en tu propio cuerpo. Si te sientes disgustado, vuelve a hacerlo. El tiempo que tardamos en serenarnos es un tiempo bien invertido. Aumentará tu capacidad para atender plenamente al niño a la vez que minimizará su reacción a tu propio miedo o confusión. Si tienes tiempo para tranquilizarte, tu propia aceptación del accidente te ayudará a centrarte en las necesidades del niño. Si estás desestabilizado, asustarás al pequeño tanto como lo ha asustado el accidente. Los niños son muy sensibles al estado emocional de todos los adultos, pero especialmente al de sus padres.

Mantén al niño tranquilo e inmóvil. Si la herida o lesión requiere un movimiento inmediato, ayúdalo o llévalo en brazos, aunque parezca que puede moverse por sus propios medios. Los niños que hacen un gran esfuerzo por mostrar su fuerza a menudo actúan así para negar el temor que sienten. Si crees que el niño tiene frío, colócale suavemente un suéter o una cobija que le cubra los hombros y el tronco.

Anima al niño a descansar el tiempo suficiente en un lugar seguro (y si es necesario, insiste en ello). Esto es especialmente importante si detectas signos de *shock* o aturdimiento (ojos vidriosos, palidez, respiración acelerada o superficial, temblor, desorientación, sensación de estar en otro lugar). Si la conducta del niño es excesivamente emocional o está demasiado tranquilo (antes de la tormenta), el descanso es importante. Ayudarás al niño a relajarse si tú mismo te relajas y adoptas una postura cómoda y tranquila. Si abrazarlo o acunarlo parece apropiado, hazlo suavemente y sin limitar sus movimientos. Si colocas suavemente tu mano en la espalda del niño, a la altura del corazón, le transmitirás una sensación de apoyo y serenidad sin interferir en sus respuestas corporales naturales. Mecer o dar palmaditas en exceso puede interrumpir el proceso de recuperación (de un modo similar al niño que muestra un exceso de celo, con la mejor intención, y manipula torpemente a un pájaro herido).

En cuanto la mirada confusa empiece a desvanecerse, guía con cuidado la atención del niño hacia sus propias sensaciones. Con un tono de voz dulce pregunta: «¿Qué sientes en el cuerpo?». Lentamente y en voz baja, repite las respuestas que el niño te da, en forma de pregunta: «¿Te duele el cuerpo?», y espera otra respuesta o un gesto de asentimiento. Tu siguiente pregunta podrá ser más específica: «¿Dónde te duele exactamente?» (deja que el niño te lo indique). Si señala un lugar específico, pregunta: «¿Qué sientes en el estómago (cabeza, brazo, pierna, etc.)?». Si el niño se refiere a una sensación específica, pregúntale amablemente por su localización, tamaño, color, peso y otras características concretas. Guía suavemente al niño al instante presente; por ejemplo: «¿Cómo sientes ahora el bulto (dolor, rasguño, quemadura, etc.)?».

Deja un momento de silencio entre las preguntas. Esto permitirá la culminación de cualquier ciclo en el que el niño esté inmerso sin la distracción de otra pregunta. Si no estás seguro de que el ciclo haya concluido, espera a que el niño te dé alguna pista (una respiración profunda y relajada, el fin del llanto o de los temblores, un estiramiento, una sonrisa, el establecimiento del contacto visual). La culminación de este ciclo no significa que el proceso de recuperación haya terminado. Puede iniciarse un nuevo ciclo. Mantén al niño concentrado en sus sensaciones unos minutos más para asegurarte de que el proceso ha concluido.

No discutas sobre el accidente. Más tarde habrá tiempo de sobra de hablar de él, repasarlo una y otra vez e intentar comprenderlo. Ahora es el momento de la descarga y el descanso.

Valida las respuestas físicas del niño en este periodo. Es frecuente que los niños rompan a llorar o tiemblen mientras salen del *shock*. Si sientes el deseo de parar este proceso natural, resístelo. La expresión física del malestar tiene que continuar hasta que se detenga o se estabilice por sí misma. La culminación de este proceso suele llevar unos minutos. Los estudios demuestran que los niños que aprovechan esta oportunidad después del accidente tienen menos problemas a la hora de recuperarse.

Tu tarea es hacer saber al niño que llorar y temblar son reacciones normales y saludables. Una mano tranquilizadora en la espalda o el hombro, junto a unas palabras amables como «todo está bien» o «no pasa nada, deja que el miedo salga de ti», pueden ser de inmensa ayuda. Tu función primordial es crear un entorno seguro para que el niño complete su respuesta natural al incidente que ha sufrido. Confía en la capacidad innata del niño para sanar. Confía en tu propia capacidad para permitir que eso suceda. Para evitar una interrupción involuntaria del proceso, no cambies la postura del niño, no distraigas su atención, no lo abraces con mucha fuerza, ni te acerques ni te alejes demasiado de él para reconfortarlo. Advierte en qué momento el niño empieza a orientarse de nuevo hacia el mundo exterior. La orientación es una señal de fin.

Por último, presta atención a las respuestas emocionales del niño. En cuanto el pequeño parezca seguro y tranquilo (no antes, pero después está bien), reserva un momento para relatar o recrear el incidente. En primer lugar, pide al niño que cuente lo que le pasó. Tal vez experimente ira, miedo, tristeza, incomodidad, vergüenza o culpa. Cuenta al niño aquella vez en la que tú mismo, o alguien a quien conoces, sintió exactamente lo mismo después de un incidente similar. Esto contribuirá a «normalizar» lo que el niño siente. Hazle saber que todo lo que sienta está bien y merece atención. Mientras aplicas estos primeros auxilios, confía en ti mismo. No pienses demasiado en si lo estás «haciendo bien».

El trauma no siempre se puede evitar; así es la vida. Pero es posible curarlo. Se trata de un proceso interrumpido que tenderá por sí solo a completarse en cuanto sea posible. Si creamos la oportunidad, el niño completará su proceso y evitará los efectos debilitadores del trauma.

RESOLVER UNA REACCIÓN TRAUMÁTICA

Crear una oportunidad para la curación es parecido a aprender las costumbres de un país nuevo. No es difícil, tan solo es diferente. Requiere que tanto tú como tu hijo o hija pasen del ámbito del pensamiento o la emoción al mundo, mucho más básico, de la sensación física. La tarea primordial consiste en prestar atención a las sensaciones y respuestas corporales. En otras palabras, la oportunidad gira en torno a la sensación.

Un niño traumatizado que está en contacto con sus sensaciones internas presta atención a los impulsos del cerebro reptiliano. En consecuencia, es probable que advierta cambios y respuestas sutiles, todas ellas concebidas para descargar el exceso de energía y completar las emociones y respuestas previamente bloqueadas. Reparar en estos cambios y respuestas hace que mejoren.

Los cambios pueden ser extremadamente sutiles: algo que internamente sentimos como una roca, por ejemplo, de pronto puede transformarse en un líquido caliente. Estos cambios tienen efectos más beneficiosos cuando nos limitamos a observarlos en lugar de interpretarlos. Añadirles un significado o incorporarlos a un relato puede desplazar la percepción del niño hacia una parte más desarrollada del cerebro, lo que puede alterar fácilmente la conexión directa establecida con el cerebro reptiliano.

Las respuestas corporales que emergen junto a las sensaciones incluyen, por lo general, temblores involuntarios, convulsiones y llantos. Tal vez el cuerpo prefiera moverse, lentamente, de una forma particular. Si se suprimen o son interrumpidas por la creencia de que hemos de ser fuertes (adultos, valientes), de que hay que actuar con normalidad, o porque se esperan sentimientos que resultan más familiares, estas respuestas no descargarán eficazmente la energía acumulada.

Otra característica del nivel de experiencia generado por el cerebro reptiliano es la importancia del ritmo y el momento oportuno. Pensemos en ello... en la naturaleza todo está dictado por los ciclos. Las estaciones se suceden, la luna crece y mengua, las mareas vienen y van, el sol sale y se pone. Los animales siguen los ritmos de la naturaleza: reproducción, parto, alimentación, caza, sueño e hibernación, todo ello se produce en respuesta directa al péndulo del mundo natural. Y otro tanto ocurre con las respuestas que llevan a las reacciones traumáticas a su resolución.

Para los seres humanos, estos ritmos plantean un doble desafío. En primer lugar, se mueven a un ritmo más lento de aquel al que estamos acostumbrados. En segundo lugar, escapan por completo a nuestro control. Solo podemos abrirnos, observar y validar los ciclos de curación; no pueden ser evaluados, manipulados, acelerados o alterados. Cuando se les da el tiempo y la atención que necesitan, son capaces de completar su misión curativa.

Inmerso en el reino de las respuestas instintivas, el niño vivirá al menos uno de estos ciclos. ¿Cómo podemos saber que ha concluido? Entremos en sintonía con el niño. Los niños traumatizados que permanecen sintonizados con las sensaciones, sin involucrar sus procesos de pensamiento, sienten una apertura y una liberación; su atención vuelve a centrarse en el mundo exterior. Serás capaz de sentir este cambio en tu hijo y sabrás que la curación ha tenido lugar.

Resolver una reacción traumática requiere mucho más que eliminar la probabilidad de reacciones en una etapa vital posterior. Estimula la capacidad de superar situaciones amenazadoras con una mayor facilidad. Crea, en esencia, una resiliencia natural al estrés. Un sistema nervioso acostumbrado a entrar y salir del estrés es mucho más sano que un sistema nervioso cargado con un constante, y tal vez acumulado, nivel de estrés. Los niños que han aprendido a atender a sus respuestas instintivas son recompensados con un legado vital de salud y vigor.

¿CÓMO SABER SI MI HIJO ESTÁ TRAUMATIZADO?

Cualquier conducta inusual que tenga lugar poco después de un episodio temible o de un procedimiento médico, especialmente con anestesia, podría indicar que nuestro hijo está traumatizado. Los gestos compulsivos y repetitivos (como estrellar un coche de juguete contra una muñeca) son una señal casi segura de una reacción no resuelta ante un acontecimiento traumático. (La actividad puede ser o no una representación literal del trauma.) Entre otros signos del estrés traumático podemos encontrar:

1. Conductas persistentes y controladoras.
2. Regresión a patrones de conducta anteriores, como chuparse el pulgar.
3. Berrinches, ataques de ira incontrolable.
4. Hiperactividad.
5. Tendencia a asustarse fácilmente.
6. Pesadillas o terrores nocturnos recurrentes, agitación durante el sueño, mojar la cama.
7. Incapacidad para concentrarse en la escuela, falta de memoria.
8. Beligerancia o timidez excesiva, aislamiento o temor.
9. Necesidad extrema de aferrarse.
10. Dolores de estómago, de cabeza, u otros trastornos de origen desconocido.

Para descubrir si una conducta inusual es, en efecto, una reacción traumática, prueba a mencionar el episodio aterrador y fíjate en la respuesta del pequeño. Un niño traumatizado posiblemente no quiera que le recuerden el acontecimiento que suscitó el malestar; o al revés, podría ser que, en cuanto se lo recuerden, entre en un estado de excitación o temor y sea incapaz de dejar de hablar de él.

Los recordatorios también se revelan retrospectivamente. Los niños que han «superado» los patrones de conducta inusuales no necesariamente han descargado la energía que los originó. Las reacciones traumáticas pueden ocultarse durante años porque el sistema nervioso, ya maduro, es capaz de controlar el exceso de energía. Al recordarle a tu hijo un incidente aterrador que precipitó conductas alteradas en el pasado, podemos propiciar el despertar del residuo traumático.

Reactivar un síntoma traumático no tiene por qué preocuparnos. Pese a su carácter primitivo, los procesos fisiológicos implicados responden bien a intervenciones que les permiten seguir el curso natural de la curación. Los niños son maravillosamente receptivos a experimentar el aspecto sanador de una reacción traumática. El trabajo del adulto consiste en permitir que esta oportunidad tenga lugar.

SAMMY: UN CASO CLÍNICO

El siguiente es un ejemplo de lo que puede suceder cuando un incidente relativamente común se tuerce.

Sammy está pasando el fin de semana con su abuela y su abuelastro, y yo he ido como invitado. Sammy se comporta como un tirano imposible, que de una forma agresiva e implacable intenta controlar su nuevo entorno. Nada le complace; se muestra grosero todo el tiempo. Cuando duerme, se retuerce y contorsiona, como si luchara con las cobijas. No es una conducta del todo inesperada en un niño de dos años y medio cuyos padres se han ido el fin de semana (los niños que padecen ansiedad de separación a menudo la exteriorizan). Sin embargo, Sammy siempre se lo ha pasado bien visitando a sus abuelos, a quienes esta conducta les parece extrema.

Sus abuelos me contaron que seis meses antes, Sammy se cayó de su sillita y se abrió la barbilla. Sangraba profusamente y lo llevaron a urgencias. Cuando la enfermera vino a tomarle la temperatura y la presión arterial, el niño estaba tan asustado que no pudieron registrar sus signos vitales. Por lo tanto, el niño de dos años fue atado a una «camilla de inmovilización». La única parte del cuerpo que podía mover era la cabeza y el cuello, cosa que hizo con toda la energía de la que era capaz. Los médicos respondieron apretando las correas para poder suturarle la barbilla.

Tras esta angustiosa experiencia, mamá y papá llevaron a Sammy a comer una hamburguesa y luego a un parque infantil. Su madre estuvo muy atenta y validó cuidadosamente su experiencia de haberse hecho daño y haberse asustado, y todo pareció olvidarse. Sin embargo, la actitud tiránica del niño empezó poco después. ¿Acaso la conducta excesivamente controladora de Sammy tenía relación con la impotencia sufrida a raíz de su trauma?

Descubrí que Sammy había visitado la sala de urgencias varias veces por diversas lesiones, aunque nunca había manifestado un pánico tan desatado. Cuando los padres regresaron, acordamos explorar si aún existía una carga traumática asociada a su experiencia reciente.

Nos reunimos todos en la cabaña en la que yo me alojaba. Sammy no quería hablar de su caída o de la experiencia en el hospital. Bajo la mirada de sus padres, sus abuelos y el propio Sammy, coloqué el osito de peluche Winnie the Pooh en la silla, desde la que cayó al suelo y hubo que llevarlo al hospital. Sammy gritó, corrió hacia la puerta y salió, cruzando a toda prisa una pasarela y llegando hasta un arroyo cercano. Nuestras sospechas se vieron confirmadas. Su última visita al hospital no había sido nada buena, y no la había olvidado. La conducta de Sammy indicaba que este juego le resultaba posiblemente amenazador.

Los padres de Sammy fueron a buscarlo al arroyo y lo trajeron de vuelta. Él se aferraba frenéticamente a su madre. Mientras nos disponíamos a jugar otra vez, le aseguramos que todos estaríamos ahí para proteger al osito. Corrió otra vez, en esta ocasión hacia mi recámara. Lo seguimos hasta allí y esperamos a ver qué sucedía. El niño corrió hacia la cama y la golpeó con ambos puños mientras me miraba, expectante. Interpretándolo como una señal para seguir adelante, coloqué al oso de peluche bajo una cobija y situé a Sammy en la cama, junto a él. «Sammy, vamos a ayudar todos a Winnie the Pooh.»

Sujeté al peluche bajo la cobija y les pedí a todos que me ayudasen. Sammy miraba con interés, pero pronto se levantó y corrió hacia su madre. Aferrándose a ella, dijo: «Mamá, tengo miedo». Sin presionarlo, esperamos a que el niño estuviera listo y quisiera repetir el juego. La siguiente vez, la abuela y el osito estaban atrapados en la cama y Sammy participó activamente en su rescate. Cuando el oso de peluche fue liberado, Sammy corrió hacia su madre, se aferró a ella con mucho miedo, pero también con una creciente excitación, júbilo y orgullo. La próxima vez que se acercó a su madre ya no se aferró tanto y los saltos de excitación se multiplicaron. Esperamos hasta que Sammy estuviera listo para jugar otra vez. Todos, a excepción de Sammy, se turnaron para ser rescatados junto a Winnie the Pooh. A cada rescate, el niño se mostraba más valiente cada vez que jalaba la cobija.

Cuando le tocó a Sammy quedarse bajo la cobija con el peluche, se puso muy nervioso y temeroso y corrió muchas veces a los brazos de su madre antes de aceptar el último desafío. Con valentía, se metió bajo las cobijas con el osito mientras yo sujetaba la colcha con suavidad. Vi cómo sus ojos se abrían desmesuradamente a causa del miedo, pero solo por un instante. Entonces se aferró al peluche, apartó la cobija y se arrojó a los brazos de su madre. Lloriqueando y temblando, gritó: «Mamá, sácame de aquí. Mamá, quítame esto». Su perplejo padre me dijo que eran las mismas palabras que Sammy gritaba cuando estaba preso en la camilla de inmovilización en el hospital. Lo recordaba claramente porque le sorprendió bastante la capacidad de su hijo de realizar una demanda tan directa y articulada con solo dos años de edad.

Escenificamos la huida varias veces. En cada ocasión, Sammy se mostraba más seguro y confiado. En lugar de correr, temeroso, hacia su madre, saltaba lleno de excitación. Con cada huida exitosa, todos aplaudíamos y bailábamos, vitoreándolo: «¡Bien por Sammy! ¡Sammy ha salvado a Winnie the Pooh!». El niño de dos años y medio había dominado la experiencia que unos meses antes le resultaba insoportable.

¿Qué habría sucedido de no realizar esta intervención? ¿Sammy se habría vuelto más ansioso, hiperactivo y controlador? ¿Acaso el trauma habría derivado en conductas restringidas y menos adaptadas en una etapa posterior? ¿Habría recreado este acontecimiento décadas después, o habría desarrollado síntomas inexplicables (por ejemplo, dolores de estómago, migrañas, ataques de ansiedad) sin saber por qué? Sin duda, todos estos escenarios son posibles, e igual de imposibles de precisar. No podemos saber cómo o cuándo la experiencia traumática de un niño invadirá su vida adoptando otra forma, o si esto llegará a ocurrir. Sin embargo, podemos ayudar a proteger a nuestros hijos de estas posibilidades gracias a la prevención. Y también contribuir a que lleguen a ser adultos más espontáneos y más seguros de sí mismos.

Juego traumático, recreación y renegociación

Es importante apreciar la diferencia entre el juego traumático, la recreación traumática y el trabajo sobre el trauma tal como hemos visto en el caso de Sammy. Los adultos traumatizados a menudo recrean un acontecimiento que en cierta medida representa, al menos en su inconsciente, el trauma original. De un modo similar, en sus juegos, los niños recrean sus acontecimientos traumáticos. Aunque tal vez no sean conscientes del significado que hay detrás de sus conductas, sienten el fuerte impulso de las emociones asociadas al trauma original que los conduce a la recreación. Aunque no hable del trauma, el niño relata su incidente a través del juego traumático.

En *Too Scared To Cry*,* Lenore Terr describe el juego y las respuestas de Lauren, de tres años y medio de edad, mientras juega con unos coches de juguete. «Los coches van hacia la gente —dice la niña, mientras lanza dos coches de carreras hacia dos marionetas—. Apuntan a la gente con su parte que pincha. La gente está asustada. La parte que pincha se clavará en su estómago, en su boca, y en su... [señala su falda]. Me duele el estómago. Ya no quiero jugar.» Lauren deja el juego cuando de pronto emerge este síntoma corporal que le inspira temor. Se trata de una reacción típica. Volverá una y otra vez a su juego, y se detendrá cada vez que el miedo se presente en forma de dolor de estómago. Algunos psicólogos dirían que Lauren utiliza su juego como un intento de controlar la situación que la ha traumatizado. Su juego se asemeja a los tratamientos de «exposición» utilizados rutinariamente para ayudar a los adultos a superar sus fobias. Sin embargo, Terr señala que este tipo de juego es muy lento a la hora de curar la angustia del niño, si es que alguna vez lo consigue. Lo más habitual es que el juego se repita compulsivamente sin resolución alguna. El juego traumático repetitivo y no resuelto puede reforzar el impacto traumático, del mismo modo que la recreación y la representación catártica de las experiencias traumáticas puede reforzar el trauma en los adultos.

---

* Basic Books, 1984.

La «renegociación» o el trabajo sobre la experiencia traumática, como hemos visto con Sammy, representa un proceso que es fundamentalmente distinto al juego traumático o la recreación. Abandonados a sus propios recursos, la mayoría de los niños intentará evitar las emociones traumáticas invocadas por su juego. Gracias a la guía recibida, Sammy fue capaz de «superar sus emociones» por medio del dominio progresivo de su miedo. Gracias a esta renegociación gradual del acontecimiento traumático, y al apoyo del oso de peluche, Sammy emergió como un héroe victorioso. La sensación de triunfo y heroísmo casi siempre indica que el acontecimiento traumático se ha renegociado con éxito.

Principios clave para renegociar el trauma en los niños

Utilizaré la experiencia de Sammy para examinar los siguientes principios.

1. *Deja que el niño controle el ritmo del juego.* Al salir corriendo de la habitación cuando el oso Winnie the Pooh cayó de la silla, Sammy nos dijo claramente que no estaba preparado para este juego activador. El niño tuvo que ser «rescatado» por sus padres, reconfortado y traído de vuelta antes de poder continuar. Todos tuvimos que asegurarle a Sammy que estaríamos ahí para ayudarlo a proteger a su peluche. Al ofrecer este apoyo y seguridad, ayudamos a Sammy a aceptar el juego.

2. Cuando Sammy corrió hacia la recámara en lugar de salir de casa, nos estaba diciendo que se sentía menos amenazado y que confiaba más en nuestro apoyo. Es posible que los niños no verbalicen su deseo de continuar; hemos de deducirlo a partir de su conducta y sus respuestas. Respeta sus deseos, así como el modo en que eligen comunicarlos. Los niños nunca deberían ser forzados a hacer más de lo que están dispuestos a hacer. Ralentiza el proceso si detectas señales de miedo, respi-

ración alterada, rigidez o un semblante aturdido (disociado). Estas reacciones se disiparán si te limitas a esperar con tranquilidad y paciencia mientras le aseguras al niño que vas a estar ahí. Normalmente, los ojos del niño y su respiración te dirán cuándo continuar. Vuelve a leer la historia de Sammy y presta atención a las pistas que indican su decisión de seguir el juego. Hay tres ejemplos explícitos además del citado anteriormente.

3. *Distingue entre miedo, terror y excitación.* Experimentar miedo o terror más allá de un breve instante durante el juego traumático no ayudará al niño a superar el trauma. La mayor parte de los niños harán lo posible por evitarlo. Deja que lo hagan. Al mismo tiempo, asegúrate de poder discernir si es evasión o huida. Cuando Sammy corrió hacia el arroyo, demostró una conducta de evitación. Para resolver su reacción traumática, Sammy tuvo que sentir que controlaba sus acciones en lugar de dejarse arrastrar por sus emociones. La conducta de evitación tiene lugar cuando el miedo y el terror amenazan con bloquear al niño. Esta conducta suele venir acompañada por algunas señales de malestar emocional (llanto, mirada asustadiza, gritos). La huida activa, por otro lado, es excitante. Los pequeños triunfos excitarán a los niños, que a menudo mostrarán su bienestar con sonrisas radiantes, batiendo palmas o riendo alegremente. En general, la respuesta es muy diferente a la conducta de evitación.

4. La excitación evidencia el éxito de la descarga de las emociones que acompañaban a la experiencia original. Esto es positivo, deseable y necesario. El trauma se transforma cambiando las emociones y sensaciones intolerables por otras más agradables. Esto solo puede suceder en un nivel de activación similar a la activación que ha desembocado en la reacción traumática. Si el niño parece excitado, es bueno animarlo y continuar como hicimos al dar palmas y bailar con Sammy. Si, por otro lado, el niño parece asustado, tranquilízalo, pero no lo animes a hacer ninguna otra cosa, por el momento. Permanece junto a él con

toda tu atención, tu apoyo y tu serenidad; espera pacientemente hasta que el miedo se desvanezca.

5. *Avanza paso a paso.* Nunca se avanza demasiado lento a la hora de renegociar un acontecimiento traumático. El juego traumático es repetitivo casi por definición. Sírvete de esta característica cíclica. La diferencia esencial entre la renegociación y el juego traumático es que en la renegociación hay pequeñas diferencias progresivas en las respuestas y los comportamientos del niño. Cuando Sammy corrió hacia la recámara en lugar de escapar a la calle, respondía a diferentes conductas; esto es una señal de progreso. No importa cuántas veces haya que repetirlo; si el niño responde de otro modo, aunque el cambio sea solo sutil (con mayor excitación, con más verbalización, con movimientos más espontáneos), estará superando el trauma. Si sus respuestas parecen avanzar en la dirección de la constricción y la repetición, y no hacia la expansión y la variedad, tal vez estás intentando renegociar el acontecimiento con escenarios que implican un progreso que el niño no puede asumir de golpe. Reduce la velocidad del cambio y, si esto no es de ayuda, vuelve a leer este capítulo y observa más atentamente el papel que desempeñas y cómo responde el niño; tal vez hayas pasado por alto algunas señales.

6. Invitamos a Sammy a jugar con el oso Winnie the Pooh al menos diez veces. Sammy fue capaz de renegociar sus respuestas traumáticas con bastante rapidez. Otro niño podría necesitar más tiempo. Que no te preocupe repetir la misma historia infinidad de veces. Si el niño responde, olvida tus preocupaciones y disfruta del juego.

7. Sé paciente, sé un buen recipiente. Recuerda que la naturaleza está de tu parte. Para el adulto, quizá el aspecto más difícil e importante en la renegociación del incidente traumático tenga que ver con mantener la creencia de que todo saldrá bien. Este sentimiento surge de tu interior y se proyecta hacia al niño. Se transforma en un recipiente que envuelve al niño y le da una

sensación de confianza. Esto puede ser especialmente difícil si tu hijo se resiste a tus intentos de renegociar el trauma. Sé paciente y ofrécele tu confianza. Una parte importante del niño desea volver a trabajar en esa experiencia. Tan solo tienes que esperar a que esa parte se reafirme. Si te preocupa en exceso que la reacción traumática del niño pueda ser transformada, es posible que, sin advertirlo, le estés enviando un mensaje contradictorio al pequeño. Los adultos con un trauma no resuelto pueden ser especialmente susceptibles de caer en esta trampa. No permitas que el niño sufra por tus propias experiencias no resueltas. Pide a otra persona que ayude al niño y que te ayude a ti.

8. *Si crees que el niño no se beneficia realmente del juego, deja de jugar.* Sammy fue capaz de renegociar su experiencia en una sesión, pero no todos los niños podrán hacerlo. Algunos necesitarán varias sesiones. Si después de diversos intentos, el niño sigue inhibido y no avanza hacia la alegría y el triunfo, no lo fuerces. Pide ayuda a un profesional calificado.

9. Curar el trauma en los niños es una tarea importante e inmensamente compleja. Por ello, ahora estoy trabajando en un libro dedicado en exclusiva a esta cuestión. Incluirá información detallada que podrá ser utilizada por padres, profesores y terapeutas.

EPÍLOGO

Tres cerebros, una mente

Maldice a la mente que sube a las nubes
en busca de reyes míticos y asuntos místicos,
asuntos místicos,
llora por el alma que no considera
al cuerpo como a su igual,
y nunca aprendí a tocar de verdad,
abajo, abajo, abajo, donde las iguanas sienten.

Iguana Song, JUDY MAYHAM

En nuestra exploración del trauma hemos aprendido mucho de las energías primordiales que residen en el núcleo reptiliano de nuestro cerebro. No somos reptiles, pero sin un claro acceso a nuestra herencia reptiliana y mamífera, no seremos capaces de ser plenamente humanos. La plenitud de nuestra humanidad reside en la capacidad de integrar las funciones de nuestro triple cerebro.

Para resolver el trauma hemos de aprender a movernos fluidamente entre el instinto, la emoción y el pensamiento racional. Cuando estas tres fuentes están en armonía y comunican sensaciones, emociones y cognición, nuestro organismo utiliza estas fuentes tal como fueron diseñadas.

Al aprender a identificar y conectar con las sensaciones corporales, empezamos a entender nuestras raíces reptilianas instintivas. En sí mismos, los instintos son, meramente, reacciones. Sin embargo, cuando estas reacciones son integradas y ampliadas por nuestro cerebro emocional mamífero y nuestras capacidades cognitivas humanas de un modo organizado, experimentamos la plenitud de nuestra herencia evolutiva.

Es importante comprender que las regiones más primitivas de nuestro cerebro no están orientadas exclusivamente a la supervivencia (así como nuestro cerebro moderno no es exclusivamente cognitivo). Aportan una información esencial respecto a quiénes somos. Los instintos no solo nos dicen cuándo luchar, huir o inmovilizarnos, sino que también nos recuerdan que pertenecemos a este mundo. La sensación de que «yo soy yo» es instintiva. Nuestro cerebro mamífero amplía ese sentido y alcanza el «nosotros somos nosotros»; todos pertenecemos a este mundo. Nuestro cerebro humano añade un sentido de reflexión y conexión más allá del mundo material.

Sin un claro vínculo con nuestros instintos y emociones, no podemos sentir nuestra conexión y sensación de pertenecer a esta tierra, a esta familia o a cualquier otra cosa.

Aquí se encuentran las raíces del trauma. La desconexión de la percepción sensible de nuestra pertenencia deja a nuestras emociones a la deriva en un vacío de soledad. Permite a nuestra mente racional crear fantasías basadas en la desconexión en vez de en la conexión. Estas fantasías nos obligan a competir, a hacer la guerra, a desconfiar unos de otros, y erosionan nuestro respeto natural por la vida. Si no percibimos nuestra conexión con todas las cosas, será más fácil ignorarlas o destruirlas. Los seres humanos son cooperativos y amables por naturaleza. Nos gusta trabajar juntos. Sin embargo, sin un cerebro plenamente integrado, no somos capaces de acceder a esta verdad por nuestros propios medios.

En el proceso de la curación del trauma integramos nuestros tres cerebros. La transformación que tiene lugar entonces cumple nuestro destino evolutivo. Nos convertimos en animales completamente humanos, capaces de desarrollar todas nuestras habilidades naturales. Somos guerreros orgullosos, educadores atentos, y todo lo que hay entre ambas cosas.

AGRADECIMIENTOS

A mis padres, Morris y Helen, les doy las gracias por el don de la vida, el vehículo de la expresión de mi trabajo, y por el apoyo pleno, constante e inequívoco que me han brindado desde ambos lados del plano físico. A *Pouncer*, el perro dingo que ha sido mi guía en el mundo animal y un compañero fiel: con diecisiete años me sigues mostrando la alegría vital de la vida corpórea.

Doy las gracias a los muchos etólogos, entre ellos Nikolaas Tinbergen, Konrad Lorenz, H. von Holst, Paul Leyhausen y Eibl Eibesfeldt, por su visión naturalista del animal humano, sus obras científicas, su correspondencia personal y su ánimo.

Estoy profundamente en deuda con el legado de Wilhelm Reich, cuya monumental contribución al conocimiento de la energía me transmitió Philip Curcurruto, un hombre de sencilla sabiduría y corazón compasivo.

A Richard Olney y Richard Price, que me enseñaron lo poco que sé sobre la autoaceptación, y a Ida Rolf, por su inspiración y catálisis en la formación de mi identidad como científico-sanador. A la doctora Virginia Johnson le agradezco su conocimiento fundamental de los estados alterados de conciencia.

Entre los profesores a los que quiero dar las gracias se cuentan Ernst Gellhorn, que orientó mi pensamiento neurofisiológico, y Akhter Ahsen, que contribuyó a consolidar mi visión de la «unidad indiferenciada y sólida del cuerpo y la mente».

Doy las gracias a los muchos amigos, en especial a Amy Graybeal y Lorin Hager, que me han ayudado con el libro.

Gracias a Guy Coheleach por permitirme utilizar su apasionado y magistral material artístico de animales.

Por último, doy las gracias, humildemente, a Medusa, Perseo y a otras grandes fuerzas del inconsciente corporal, por orientar mi campo arquetípico.

MÁS INFORMACIÓN

Para más información sobre libros y otros recursos sobre el trauma, el trauma infantil, terapeutas profesionales, conferencias públicas o programas de formación profesional, contacte con:
Foundation for Human Enrichment
Organización sin ánimo de lucro

Email: info@traumahealing.org
Página web: www.traumahealing.org

ÍNDICE ONOMÁSTICO Y DE MATERIAS